회복의 여정

회복의 여정

지은이 | 이규현
초판 발행 | 2024. 2. 7.
등록번호 | 제1988-000080호
등록된 곳 | 서울특별시 용산구 서빙고로65길 38
발행처 | 사단법인 두란노서원
영업부 | 2078-3352 FAX | 080-749-3705
출판부 | 2078-3331

책값은 뒤표지에 있습니다.
ISBN 978-89-531-4791-1 03230

독자의 의견을 기다립니다.
tpress@duranno.com www.duranno.com

두란노서원은 바울 사도가 3차 전도여행 때 에베소에서 성령 받은 제자들을 따로 세워 하나님의 말씀으로 양육하던 장소입니다. 사도행전 19장 8~20절의 정신에 따라 첫째 목회자를 돕는 사역과 평신도를 훈련시키는 사역, 둘째 세계선교(TIM)와 문서선교(단행본·잡지) 사역, 셋째 예수문화 및 경배와 찬양 사역, 그리고 가정·상담 사역 등을 감당하고 있습니다. 1980년 12월 22일에 창립된 두란노서원은 주님 오실 때까지 이 사역들을 계속할 것입니다.

회복의 여정

인생의 흉년에서 온전한 안식으로

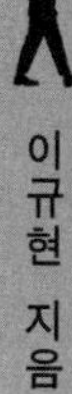

이규현 지음

두란노

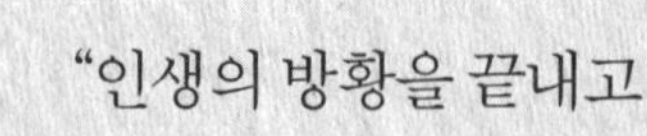

"인생의 방황을 끝내고 회복을 열망하는 이들을 위하여"

인간은 하나님에게서 떠나고 싶어 합니다. 하나님 없는 낙원을 꿈꿉니다. 왠지 하나님의 존재가 거북하게 여겨집니다. 스스로 신이 되려고 몸부림을 칩니다. 자기만의 세계를 막연하게 동경하며 살아갑니다. 그러나 하나님을 떠난 순간부터 위험한 여행이 시작됩니다. C.S.루이스(C.S. Lewis)는 "누구나 신이 될 수 있는 사회에 산다는 것은 심각한 일"이라고 말했습니다.

어설픈 신이 만들어 가는 세상은 위험천만합니다. 아슬아슬한 서커스와 같은 삶이 펼쳐집니다. 하나님 없는 자유는 불가능합니다. 인간은 길을 잃은 미아로 전락합니다. 토마스 아 켐피스는 "자유롭게 집에 머물 수 있는 사람만이 여행에 나서도 안전합니다"라고 했습니다.

세상에 안전한 곳은 없습니다. 하나님을 떠난 인간은 보호막이 사라진 셈입니다. 생존조차도 힘들어집니다. 죄를 지은 이후의 세상은 가시떨기와 엉겅퀴로 가득합니다. 우리가 살아가는 세상은 척박하기 그지 없습니다. 현대인들은 무엇인가를 열심히 좇고 있습니다. 그러나 열심의 이면에는 짙은 불안이 깃들어 있습니다. 불안할수록 더 열심을 내지만 소진으로 끝납니다. 모두 높은 곳을 향한 사다리에 올라타 있지만 그 사다리가 어디를 향하고 있는지를 모릅니다. 올라갈수록 경쟁은 치열합니다. 약탈극에서 최후에 남은 승자가 독식하는 세상에서 목숨을 부지하기도 힘들어집니다. 아버지 집을 떠난 탕자는 생각보다 빨리 고갈을 경험합니다. 목마름은 근원적인 것입니다. 결핍의 문제는 인간이 스스로 해결할 수 없습니다. 선부른 해결은 더 참혹한 결과를 가져올 뿐입니다.

하나님을 버린 인간은 자신을 잃어버립니다. 하나님을 떠난 순간부터 정체성의 혼란을 겪습니다. 자기 소외와 자기 부정의 상태에 빠집니다. 하나님을 떠난 인간의 삶은 사춘기적입니다. 하나님에 대해서 고분고분하지 않습니다. 인간이 만들어 가는 세상은 탕자의 문명입니다. 자기 망상으로 가득한 반항적 삶이 펼쳐집니다. 탈선한 기차와 같습니다. 내 힘으로 인생을 조정

할 수 있을 것 같아 보이지만 허망한 단막극으로 끝나고 맙니다. 길을 잃은 인간은 갈수록 절망의 벼랑 끝으로 내몰리게 되고, 그 끝에서 답은 하나로 귀결됩니다.

인간은 하나님께로 다시 돌아와야 합니다. 절망의 끝에서 항복하고 다시 돌아와야 삽니다. 본래 있어야 할 자리로 돌아가는 것이 회복입니다. 아무리 망가지고 깨어진 인생이라도 회복할 수 있습니다. 벌어진 현상은 복잡하지만 본질은 언제나 단순합니다. 사는 길은 의외로 간단합니다. C.S. 루이스는 "하나님은 우리가 그분의 소맷자락을 잡아 현관 밖으로 끌어낸 다음 못으로 문을 박아도 우리 삶에 들어오셔서 간섭하시는 분이시다"라고 말했습니다. 하나님은 기다리는 분입니다. 탕자가 돌아오기 전부터 아버지는 이미 그를 기다리고 있습니다.

누가복음 15장에 나오는 일명 탕자의 비유는 성경 속에서도 잘 알려진 이야기입니다. 짧은 스토리이지만 이 안에는 무궁무진한 이야기가 숨어 있습니다. 창세기에서부터 요한계시록에 이르는 주제들이 담겨 있습니다. 기독교의 핵심적인 메시지들이 녹아 있습니다. 용서와 사랑, 구원과 환대, 회복과 안식 등이 넘쳐납니다. 탕자의 이야기는 드라마로 풀어낼 만한 흥미진진한 구성을 갖추고 있습니다.

타락한 인간에게 회복은 하나님께로 돌아가는 길밖에 없습니다. 탕자의 이야기를 통해서 하나님을 떠난 인간이 하나님의 품으로 돌아가는 여정, 그리고 탕자를 환대하는 아버지를 통해서 하나님이 어떤 분인지를 깊이 만나는 은혜가 있기를 기대합니다. 오늘날도 여전히 방황하는 영혼이 많아 보입니다. 망가지고 깨어진 채 회복의 길을 모르는 사람들이 있습니다. 그런 분들에게 이 책이 하나님의 깊고 풍성한 사랑을 만나는 통로로 쓰임 받기를 원합니다. 이 책은 불신자들에서부터 오랫동안 신앙생활을 해온 분 모두에게 들려줄 메시지가 있으리라 생각이 됩니다.

이 책이 출판되기까지 수고를 아끼지 않은 두란노 출판부와 수영로교회 오승영 목사, 그리고 모든 스태프들에게도 감사를 전합니다.

해운대에서
이규현 목사

머리말 4

Part 1.

반항하는 인류

1장. 인생은 나를 찾아가는 여행입니다 12

2장. 인류의 역사는 반항의 역사입니다 29

3장. 아버지는 아파하며 사랑하십니다 47

Part 2.

떠나는 아들

4장. 유토피아는 없습니다 66

5장. 열심히 살아도 공허합니다 79

6장. 인간은 실패를 예측할 수 없습니다 90

7장. 아버지 집을 떠나는 순간 추락합니다 102

목차

Part 3.

탕자의 회개

8장. 돌아갈 집이 있다는 것이 은혜입니다 116

9장. 실수하고 죄지어도 아들은 아들입니다 129

10장. 아버지 집이 아니라 아버지께 돌아오십시오 146

11장. 아버지는 한 번도 잊은 적이 없습니다 161

Part 4.

완전한 용서

12장. 하나님은 우리의 모든 수치를 가리십니다 178

13장. 방황의 끝은 변화의 시작입니다 194

14장. 환대하는 아버지의 품이 회복입니다 210

15장. 아버지 집에서 축제가 열립니다 227

Part 1.

반항하는 인류

1장.

인생은
나를 찾아가는 여행입니다

"또 이르시되 어떤 사람에게 두 아들이 있는데" 눅 15:11

누가복음 15장 11-32절을 가리켜 '탕자의 비유'라고 말합니다. 이 탕자의 비유는 유명한 이야기입니다. 네덜란드의 화가 렘브란트는 "탕자의 귀향(The Return of the Prodigal Son)"이라는 그림에 이 비유를 담았고, 프랑스의 소설가 앙드레 지드나 체코의 시인 라이너 마리아 릴케도 자신의 작품에서 탕자의 비유를 언급했습니다. 시대마다 탕자의 비유를 다룬 예술 작품들이 있었고, 그때마다 다르게 해석하곤 했습니다.

하물며 영화를 볼 때도 이야기의 자초지종을 다 알면 재미가 없는 법인데, 그럼에도 이 유명한 탕자의 비유를 다시금 다루고자 하는 데에는 이유가 있습니다. 예수님의 비유는 짧지만 거기서 전달되는 아주 강렬한 메시지가 있는 데다가, 이 비유 안에 우리 삶과 신앙의 전 과정이 담겨 있기 때문입니다.

어떤 아버지였나

우리는 탕자의 비유를 들으면 흔히 둘째 아들에게 초점을 둡니다. 그런데 예수님은 이 탕자의 비유를 말씀하실 때 초점을 둘째 아들에게 두지 않으셨습니다. 이 말씀을 바리새인들을 향해 하셨으니, 예수님의 초점은 맏아들에게 맞추어져 있을 것이라고 생각할 수 있지만, 그것도 정확한 답은 아닙니다.

사실 예수님은 아버지에게 초점을 맞추고 이 말씀을 전하셨습니다. 탕자의 비유에서 중심인물은 아버지입니다. 아버지가 없다면, 이야기가 진행될 수 없습니다. 만약 아버지가 없었다면 먼 나라로 떠났던 둘째 아들은 집으로 돌아오지 않았을 것입니다. 아버지가 있었기 때문에 그는 집으로 돌아올 수 있었습니다. 우리는 탕자의 비유에서 아버지가 누구인가를 살펴보아야 합니다.

예수님이 말씀하신 탕자의 비유는 한 가정의 이야기입니다. 가정의 핵심은 관계입니다. 가정은 관계가 처음 형성되는 곳이며, 누군가와 가장 밀접하게 접촉하는 곳이기도 합니다. 일차적으로는 부모입니다. 아기가 세상에 태어나면 가장 먼저 부모를 만납니다. 성장하면서 부모와 이야기를 나누고 함께하는 경험은 인생에 큰 영향을 끼칩니다. 이처럼 가정에서 맺는 기본적인 관계는 우리 삶에서 매우 중요합니다. 우리 삶은 그 관계를 통해 형성됩니다.

특히 아버지와의 관계를 통해 경험한 것이 우리 삶에 큰 영향을 끼칩니다. 그런데 아버지에 대한 생각은 사람마다 다릅니다. 어떤 이는 아버지를 생각하기만 해도 설레지만, 어떤 사람은 두렵고 가슴이 벌렁거립니다. 아버지와의 관계가 좋은 사람도 있지만, 불편한 사람도 있습니다. 세상에 좋은 아버지는 많지만, 이상적인 아버지는 없습니다. 인간은 모두 결함이 있기 때문입니다. 능력은 많지만 자상하지 않은 아버지, 간섭은 하지 않지만 방관하는 아버지, 마음씨는 좋지만 능력 없는 아버지. 이러한 아버지로부터 상처받은 사람이 의외로 많습니다. 아버지와의 관계에서 아픔을 경험하면 인생 전반에 걸쳐 후유증이 엄청납니다.

아버지의 부재 때문에 아픔을 경험하는 사람도 있습니다.

부모의 이혼으로, 혹은 이른 사별로 안 계시기도 하지만, 있어도 있는 게 아닌 것 같은 예도 있습니다. 특히 한국 사회는 아버지의 부재가 만연했습니다. 산업화 시대에 아버지들은 바빴습니다. 먹고살기 위해 새벽부터 밤늦게까지 일해야 했습니다. 늦은 밤 집에 돌아오면 자녀들은 이미 잠들었으니 함께 시간을 보내기가 어려웠습니다. 아버지의 부재는 우리에게 거대한 상실감을 줍니다.

그렇다면 왜 성경은 하나님을 아버지로 묘사하는 것일까요? 여기에는 아주 중요한 의미가 있습니다. 사실 구약성경에서는 하나님을 아버지라고 묘사한 구절을 찾기 어렵습니다. 반면 신약성경에서는 약 245회나 하나님을 아버지라고 묘사합니다. 먼저는 예수님이 하나님을 아버지라고 부르셨습니다. 이것은 하나님과의 관계를 강조하는 것입니다.

삼위일체를 이해하려면 성부와 성자와 성령의 관계를 이해해야 합니다. 삼위 하나님의 친밀한 관계를 통해 구원의 역사가 이루어졌습니다. 그러므로 성부, 성자, 성령은 각각 분리할 수 없습니다. 성자 예수님은 성부 하나님과의 관계를 통해 모든 것을 다루십니다. 성자 예수님은 성부 하나님과의 관계를 의지하셨습니다. 그리고 성부 하나님은 모든 구속 사역을 성자 예수님과 함께 이루어 가셨습니다. 그래서 예수님은

"아들이 아버지께서 하시는 일을 보지 않고는 아무 것도 스스로 할 수 없나니 아버지께서 행하시는 그것을 아들도 그와 같이 행하느니라"(요 5:19)고 말씀하셨습니다.

우리는 성부 하나님과 성자 예수님의 관계를 이해해야 예수님과 나의 관계가 어떠한가를 알 수 있습니다. 아들은 아버지에게서 나옵니다. 아버지와의 관계를 통해 모든 것을 공유합니다. 따라서 아버지와 아들은 구분된 존재가 아닙니다. 탕자의 비유에 등장하는 아버지와 두 명의 아들도 마찬가지입니다. 두 아들은 아버지께 속해 있습니다. 이처럼 성부 하나님과 성자 예수님의 관계를 이해하지 못하면, 하나님을 온전히 이해할 수 없습니다.

아버지와의 관계가 좋지 않습니까? 어린 시절 아버지의 부재로 상처가 있습니까? 이 땅에서 육신의 아버지로 인해, 아버지의 완전하지 않은 모습 때문에 아픔을 겪을 수 있습니다. 그러나 그렇다 하더라도 하나님 아버지와의 관계가 좋으면, 얼마든지 회복될 수 있습니다. 예수님은 탕자의 비유를 통해 하나님 아버지가 어떤 분인가를 말씀하십니다. 탕자의 비유 속에 놀라운 비밀이 있습니다. 탕자의 비유를 통해 우리는 좋으신 하나님 아버지를 만날 수 있습니다. 우리는 그분을 만나야 합니다. 하나님은 좋은 아버지, 이상적인 아버지이십니다.

나는 누구인가

우리는 아버지와의 관계 속에서 자신이 누구인가를 알 수 있습니다. 아들은 아버지와 모든 것이 연결되어 있습니다. 아버지와 아들은 분리될 수 없습니다. 아버지와 분리되는 순간 나는 내가 누구인지 알 수 없습니다.

미국의 소설가 알렉스 헤일리(Alex Haley)의 소설《뿌리(Roots)》는 주인공 쿤타킨테가 자신의 뿌리를 찾아가는 이야기입니다. 자신의 삶을 이해하려면, 뿌리를 알아야 합니다. 조상이 누구인가를 알아야 합니다. 근원을 찾아야 합니다. 이 말은 곧 '내가 누구인가'에 대한 질문에 답할 수 있어야 한다는 말입니다. 자신이 누구인가를 알지 못하는 것은 길을 잃은 것과 같습니다. 자신이 누구인가를 알지 못하면, 방황할 수밖에 없습니다.

하나님의 형상으로 창조된 사람이 타락하여 망가졌습니다. 하나님의 형상이 망가지자 사람들은 자신을 온전히 이해할 수 없게 되었습니다. 이것은 무서운 일입니다. 사람들은 자신이 어디에서 왔는가를 알지 못합니다. 자신이 누구인지 알지 못한 채 살아갑니다. 이걸 알기 위해서 온갖 학문을 동원합니다. 다윈의 진화론을 비롯한 세상의 학문은 '나는 어디에서 왔는가?'라는 질문에 엉뚱하게 답합니다. 세상의 학문으로는 이 질문에 올바르게 답할 수 없습니다.

살면서 가장 많이 하는 오해가 나에 대한 오해입니다. 나를 오해하다가 다른 사람까지 오해합니다. 내가 누구인지 모른 채 살면, 일평생 그렇게 방황하면서 살 수밖에 없습니다. 사람들이 왜 불행합니까? 자신을 오해하고 착각하기 때문입니다. 제대로 살고 싶은데, 자신을 똑바로 알지 못하기 때문에 그럴 수 없습니다.

자신을 똑바로 알지 못한 채 살다 보면, 그릇된 목표를 가지고 살아갑니다. 사람들에게 인정받기 위해 몸부림칩니다. 사람들의 평가에 흔들립니다. 열등감에 사로잡힙니다. 그러면 자신을 스스로 인정하지 못합니다. 자신을 혐오하고 거부합니다. 자신을 계속 포장하려고 합니다. 이것이 거짓 자아입니다. 거짓된 자아를 나인 줄 알고 살아가는 사람이 오늘날 매우 많습니다. 이런 사람은 참된 자신을 알지 못합니다. 거짓된 자아는 존재하지 않습니다. 거짓된 자아로는 신앙생활을 온전히 할 수 없습니다. 은혜를 체험할 수 없습니다. 거짓된 자아로는 하나님을 만날 수 없습니다.

사람들을 만나지 않고 혼자 집에 있는 것을 좋아하는 사람은 자신이 누구인지 알 수 없습니다. 자신이 어떤 사람인지 확인하기 어렵습니다. 공동체 속으로 들어가야 합니다. 공동체 안에서 사람들과 함께 어울려야 합니다. 사람들과의 관계 속에서 많은 일을 경험해야 합니다. 그 안에서 자기 모습을 발견해야 합니다. 나를 가리고 있는 가면과 외투를 벗어야 합니다. 그렇게 해야 내 참모습을 발견할 수 있습니다.

탕자의 비유는 나와 상관없다고 생각해서는 안 됩니다. 탕자의 비유를 통해 자신과 대면해야 합니다. 탕자의 비유에 등장하는 둘째 아들을 통해 우리는 답을 찾아야 합니다. 자신의 모습을 발견해야 합니다. 자신을 객관화해야 합니다. 탕자의 비유에 등장하는 아버지와 두 아들의 모습을 살펴보는 동안 '내가 바로 탕자구나'라고 깨달아야 합니다. 가면을 벗어던지면 우리 안에 탕자가 있다는 것을 발견할 수 있습니다. 자신이 탕자인 것을 깨달은 사람은 아버지의 집에 들어갈 수 있습니다. 그러나 자신이 탕자인 것을 깨닫지 못하면, 아버지의 집에 들어갈 수 없습니다.

귀한 것의 가치를 몰랐던 두 아들

아들의 존재가치는 아버지에 의해 결정됩니다. 아들은 아버지를 통해 참된 자아를 발견할 수 있습니다. 아들은 아버지를 통해 자신이 누구인가를 확인할 수 있습니다. 하나님 아버지를 알아야 나 자신이 누구인가를 알 수 있습니다. 내가 누구에게 속했는가를 알아야 오해 없이 객관화된 나를 알 수 있습니다.

탕자의 비유에 등장하는 두 아들의 모습을 비교해 봅시다. 둘은 모두 잃어버린 자였습니다. 그리고 둘은 모두 탕자였습니다. 둘째 아들은 집을 떠난 탕자요, 맏아들은 집 안에 있는 탕자였습니다.

또한 둘은 모두 아버지께 거칠게 반항했습니다. 둘째 아들은 아버지께 "아버지여 재산 중에서 내게 돌아올 분깃을 내게 주소서"(눅 15:12)라고 말했습니다. 아버지가 계시지만, 그 존재 자체를 무시하고 있습니다. 아버지의 영향권에서 벗어나려 하고 있습니다. 맏아들은 어떻습니까? 둘째 아들이 집으로 돌아왔을 때, 아버지께 반항했습니다. 둘째 아들은 행동으로 반항하는 아들이요, 맏아들은 침묵으로 반항하는 아들이었습니다.

우리는 탕자의 비유를 통해 하나님을 향한 사람의 태도가 어떠한가를 생각해야 합니다. 사람은 하나님께 고분고분하지 않습니다. 하나님께 반항하고 반역합니다. "No"라고 대답할 때가 많습니다. 에덴동산에서부터 사람은 하나님의 말씀을 거역했습니다. 오늘날의 문화 속에서도 그것을 확인할 수 있습니다. 교회가 잘못된 모습을 세상 사람들에게 보여 주었기 때문에 세상 사람들이 하나님께 반항하는 것일 수도 있습니다. 그러나 본래 사람은 하나님께 반항적입니다. 하나님을 인정하지 않으려고 합니다.

성숙한 사람은 가치를 압니다. 귀한 것을 귀하게 여길 줄 압니다. 그러나 하나님을 알기 전에는 가치를 모릅니다. 귀한 것을 알지 못합니다. 맏아들과 둘째 아들은 모두 아버지와 아버지 집의 귀중함을 알지 못했습니다. 둘 다 성숙하지 않았기 때문입니다.

> 그러나 무엇이든지 내게 유익하던 것을 내가 그리스도를 위하여 다 해로 여길뿐더러 또한 모든 것을 해로 여김은 내 주 그리스도 예수를 아는 지식이 가장 고상하기 때문이라… 빌 3:7-8a

사도 바울은 예수님을 만난 후 가치 있는 것을 알게 되었습니다. 그러자 삶이 달라졌습니다. 버려야 할 것과 붙들어야 할 것을 분명하게 구분했습니다. 그러나 맏아들과 둘째 아들은 모두 아버지의 가치를 알지 못했습니다. 아버지를 거부했습니다. 아버지보다 아버지가 가지고 있는 것에 관심이 있었습니다. 아버지가 아니라 아버지가 가지고 있는 것에 주목했습니다. 우리는 어떻습니까? 하나님께 가치를 두고 있습니까? 하나님 안에서 사는 것이 복입니다. 아버지의 집에 있는 것 자체가 복입니다. 그런데 집을 떠나기 전에는 집의 가치를 알지 못합니다.

두 아들은 모두 만족하지 못했습니다. 만족할 줄 몰랐습니다. 이것은 하나님을 떠난 사람들의 모습입니다. 사람은 에덴동산에서부터 그랬습니다. 사탄은 사람의 시야를 좁혀서 부족한 것 한 가지에 주목하게 합니다. 시야가 좁아지면, 외부와 단절됩니다. 나중에는 아무것도 보이지 않습니다. 부족한 것 한 가지를 극대화합니다. 전부 부족한 것처럼 확대하여 해석합니다. 부족하기 때문에 만족하지 못하는 것이 아닙니다. 자신이 무엇을 가졌는지 모르기 때문에 만족하지 못합니다. 그러나 자신에게 있는 것, 자신이 가진 것을 아는 사람은 감사할 수 있습니다. 거대한 것은 존재의 가치를 잘 알지 못합니다. 공기, 햇빛, 물이 얼마나 귀합니까? 하지만 우리는 그것을 귀하다고 생각하지 않습니다. 하나님이 그런 분입니다. 우주와 만물이 그냥 움직이는 것이 아닙니다. 하나님이 역사하지 않으시면 모든 것은 끝나 버립니다.

결함투성이 어린아이인 나

맏아들과 둘째 아들은 모두 자신에게만 몰두했습니다. 자신만을 응시했습니다. 맏아들은 아버지와 동생에게 관심이 없었습니다. 둘째 아들도 마찬가지입니다. 아버지와 형에게 관심이 없었습니다. 이것이 자아를 잃어버린 사람의 특징입니다. 자신에게만 몰두하면 자신을 잃습니다. 자기 함몰, 자기 몰두의 상태가 되는 것입니다. 마치 거대한 웅덩이에 빠진 것과 같습니다. 대책이 없습니다. 그 상태를 벗어나는 것이 은혜입니다.

인생을 생물학적, 사회학적으로 평가할 수 있습니다. 탕자의 비유에 등장하는 두 아들은 외형적으로는 장성한 성인입니다. 그런데 우리는 영적으로 생각해야 합니다.

> 내가 어렸을 때에는 말하는 것이 어린아이와 같고 깨닫는 것이 어린아이와 같고 생각하는 것이 어린아이와 같다가 장성한 사람이 되어서는 어린아이의 일을 버렸노라 고전 13:11

어린아이는 아직 자라야 할 과정이 남아 있으니 성인이라고 말하지 않습니다. 그러나 성인이 되었다고 해서 완성된 존재가 된 것도 아닙니다. 물론 육체는 어른입니다. 그러나 정신적으로는 덜 자란 상태일 수 있습니다. 사람은 일평생 성장해야 합니다. 자칫하면 성장하기보다 오히려 퇴보할 수 있습니다. 다시 어린아이가 될 수 있습니다. 몸은 어른인데 정신은 덜 자란 상태를 가리켜 '성인 아이(adult child)'라고 합니다. 어린아이와 같은 어른입니다. 하나님 앞에서 우리 모습이 이와 같습니다. 우리는 나이가 많아지면 어른이 된다고 생각합니다. 그런데 하나님 앞에서 과연 어른이라고 할 수 있을까요? 나이가 들어도 하나님 앞에서 우리는 한없이 부족한 존재입니다. 우리는 하나님 앞에서 결함투성이입니다.

하나님이 예레미야를 부르셨을 때, 그는 "슬프도소이다 주 여호와여 보소서 나는 아이라 말할 줄을 알지 못하나이다"(렘 1:6)라고 말했습니다. 예레미야는 자신을 올바르게 자각했습니다. 어린아이는 도움이 필요한 존재입니다. 손이 많이 갑니다. 우리도 그렇습니다. 하나님의 손이 많이 필요합니다. 자신의 필요를 스스로 채우지 못합니다. 하나님이 돕지 않으시면 우리는 살 수 없습니다. 오랫동안 교회 다니고 신앙생활을 열심히 했어도 하나님 앞에서 우리는 어린아이입니다.

우리는 자주 실수합니다. 자주 넘어집니다. 성공보다 실패하는 때가 많습니다. 아는 것보다 모르는 것이 더 많습니다. 한 치 앞을 알지 못합니다. 내 힘으로 살아갈 수 있을 것 같지만, 사실은 그렇지 않습니다. 성숙한 모습보다는 유치한 모습이 많습니다. 마치 몸만 커진 아이처럼 살아갑니다. 늘 결핍을 느끼고, 그래서 늘 하나님께 달라고만 기도합니다.

> 이는 우리가 이제부터 어린아이가 되지 아니하여 사람의 속임수와 간사한 유혹에 빠져 온갖 교훈의 풍조에 밀려 요동하지 않게 하려 함이라 엡 4:14

자란다는 것은 어린아이의 상태를 버리는 것입니다. 어린아이는 자기중심적입니다. 모든 것의 중심에 자신이 있습니다. 내면이 성장하지 않았기 때문입니다. 어린아이의 일을 버리는 것은 쉽지 않습니다. 일평생 계속해야 합니다. 연약한 모습, 유치한 모습은 쉽게 없어지지 않습니다.

본문에 등장하는 탕자는 사춘기 아이들과 다를 바 없습니다. 자신이 어디에 속해 있는가를 알지 못하고 아버지의 집을 떠나려고 했습니다. 아버지를 인식조차 못 했습니다. 아버지의 집에서 자신이 누리는 복이 얼마나 값진 것인지 몰랐습니다. 아버지를 벗어나려고 하는 그의 모습은 사춘기의 아이들과 닮았습니다. 그 시기 아이들은 자기 정체성이 확립되지 않은 상태입니다. 자신이 누구인지 알지 못합니다. 그런데 자기가 다 안다고 착각합니다. 자존심만 강합니다. 부모의 간섭을 싫어합니다. 자기 마음대로 하고 싶어 합니다.

우리는 아버지의 집으로 돌아가는 여정 가운데 있습니다. 하나님 아버지의 자녀의 자리로 돌아가고 있습니다. 우리는 자라야 합니다. 자신 안에 있는 어린아이의 모습을 발견해야 합니다. 자신이 심각한 죄인인 것을 깨달아야 합니다. 그것이 아버지의 집으로 돌아가는 것, 곧 귀향입니다.

마태복음 3장에 보면, 예수님이 요단 강에서 세례를 받고 물에서 올라오셨을 때, 하늘이 열리고 하나님의 성령이 비둘기같이 내려왔습니다. 이때 하나님이 "이는 내 사랑하는 아들이요 내 기뻐하는 자라"(마 3:17)고 말씀하셨습니다. 이후 예수님은 하나님의 아들로서 공생애를 사셨습니다. 예수님은 자신이 누구인지 잊지 않으셨습니다. 자신이 누구인지 분명하게 아는 것이 매우 중요합니다.

그런데 마태복음 4장에 보면, 마귀가 예수님을 시험합니다. 마귀는 예수님에게 "네가 만일 하나님의 아들이어든 명하여 이 돌들로 떡덩이가 되게 하라"(마 4:3)고 말합니다. 마귀는 예수님의 정체성을 흔들려고 했습니다. 그러나 예수님은 조금도 흔들리지 않으셨습니다.

우리는 자신이 누구인지 잊을 때가 많습니다. 자신이 누구인지 알지 못한 채 살아갈 때가 많습니다. 그래서 사람들과 나를 비교합니다. 세상 사람들이 만든 기준에 나를 맞추려고 합니다. 그렇게 살다 보면 나답게 살지 못하고 방황할 수밖에 없습니다. 내가 누구인지 알지 못하면 하나님을 위해 살 수 없습니다. 하나님의 자녀로서 살지 못하면 삶의 에너지를 낭비할 수 있습니다.

우리는 탕자의 비유를 통해 하나님 아버지를 깊이 만나야 합니다. 그 과정에서 내가 누구인지 발견해야 합니다. 하나님을 만났다고 해서 자신을 몰아가지 마십시오. 자칫하면 하나님을 오해할 수 있습니다. 모든 것이 어긋날 수 있습니다. 은혜를 받았다고 금방 간증하지 마십시오. 아버지의 집으로 가는 데에는 오랜 시간이 필요합니다. 그 여정은 일평생 계속되어야 합니다.

지금 우리는 순례의 여정 가운데 있습니다. 자신이 순례의 여정 어디쯤 있는가를 정직하게 확인해야 합니다. 말씀을 통해 자기 영혼의 상태를 확인해야 합니다. 형식적으로 교회에 왔다갔다 해서는 안 됩니다. 하나님 아버지를 만나야 합니다. 그러기 전에는 자신이 누구인지 알 수 없습니다. 그러므로 우리는 복음 안으로 깊이 들어가야 합니다.

누가복음 15장에 기록되어 있는 탕자의 비유에는 복음이 들어 있습니다. 하나님의 마음을 진하게 느낄 수 있습니다. 탕자의 비유를 통해 하나님을 깊이 경험해야 합니다. 우리를 사랑하시는 하나님의 사랑을 경험해야 합니다.

2장.

인류의 역사는 반항의 역사입니다

"그 둘째가 아버지에게 말하되 아버지여 재산 중에서 내게 돌아올 분깃을 내게 주소서 하는지라…" 눅 15:12a

둘째 아들은 아버지에게 재산 중 내게 돌아올 분깃을 달라고 당당하게 요구합니다. 이 요구는 무엇을 의미할까요? 본문을 이해하려면, 고대 근동 지역의 문화적 상황을 알아야 합니다.

당시 이스라엘의 상속법에 따르면, 장남은 아버지의 재산 중 2/3를, 차남은 1/3을 받습니다. 문제는 유산을 다루는 시기입니다. 보통은 아버지가 죽기 직전이나 죽은 후가 일반적입니다.

아버지가 살아 있는데 유산을 달라고 하는 것은 옳지 않습니다.

물론 당시 법으로도 아버지가 살아 있을 때 자식에게 재산을 증여할 수 있었습니다. 그에 따르는 법적 절차를 거치면 가능했습니다. 그러나 그렇다 하더라도 아버지에게 해당 재산에 대한 감독권이 있었습니다. 아들은 아버지로부터 증여받은 재산을 마음대로 매각할 수 없었습니다. 만일 아들이 아버지로부터 받은 재산을 자기 마음대로 매각한다면, 아버지는 법적으로 제동을 걸 권한이 있었습니다. 아들은 아무리 재산을 증여받았어도 아버지가 죽은 후에야 그것에 대한 권리를 주장할 수 있었습니다.

그런데 본문에 보면, 둘째 아들이 아버지가 살아 있는데도 자신의 분깃을 달라고 요구했습니다. 고대 근동 지역은 오늘날보다 훨씬 엄격했습니다. 전통을 중요하게 여기는 매우 보수적인 사회였습니다. 그런 사회에서 이 같은 자식의 부모를 향한 요구는 도리에 어긋나는 행동입니다. 이것은 아버지가 죽기를 바란다는 말입니다. 빨리 죽으라는 말입니다. 아버지가 죽어야 자신의 분깃을 차지할 수 있는데, 그러지 않으니 답답하다는 말입니다. 살인 행위라고도 할 수 있습니다. 아버지의 가슴에 대못을 박는 것과 같습니다. 둘째 아들은 아침마다 아버지의 안색을 살피며 '아버지가 언제 죽을까'를 생각했을 것입니다. 그런데 아버지가 매우 건강하니 분이 났을 것입니다. 둘째 아들은 아버지가 죽기를 마냥 기다릴 수 없었습니다. 본격적으로 행동하기 시작했습니다. 아버지의 재산 중에서 자신의 분깃을 달라고 아버지께 요구했습니다. 둘째 아들은 아버지를 경멸하고 모욕했습니다. 이것은 반역입니다. 대역죄라고 할 수 있습니다.

오늘날 재벌가의 자녀들이 유산 문제로 싸우는 것을 종종 봅니다. 그런데 본문의 사건은 이러한 것과는 차원이 다릅니다. 지금 둘째 아들은 아버지의 존재를 부정하고 있습니다. 아버지를 부정하는 것은 자신의 존재를 부정하는 것입니다.

우리가 지켜야 하는 것이 많지만, 그중에서도 반드시 지켜야 하는 열 가지가 십계명입니다. 십계명은 분명한 기준이 되는 하나님의 명령입니다. 지켜도 되고 안 지켜도 되는 것이 아닙니다. 십계명 중 5계명이 무엇입니까? "네 부모를 공경하라" 입니다. 그리고 이와 관련된 세칙이 많이 있습니다.

미국 로마 가톨릭교회의 수도사인 토마스 머튼(Thomas Merton)은 "최고의 영적 성숙은 보통 사람, 즉 온전한 사람이 되는 것"이라고 말했습니다. 영적 성숙은 특별한 것이 아닙니다. 가장 기본을 지키는 것입니다. 기본적인 관계를 존중하고 지키는 것이 영적 성숙입니다.

육신의 아버지와의 관계, 하나님 아버지와의 관계는 무관하지 않습니다. 육신의 아버지와의 관계는 하나님 아버지와의 관계로 이어집니다. 아들이 아버지를 부정하는 것은 자신을 부정하는 것입니다. 아들은 아버지로부터 비롯되었습니다. 아들은 아버지의 존재를 부정해서는 안 됩니다.

하나님께 반역하는 인간의 역사

둘째 아들은 살아 있는 아버지를 불편하게 생각했습니다. 여기서 우리는 반역을 느낄 수 있습니다. 인류의 역사는 반역의 역사라고 할 수 있습니다. 에덴동산에서부터 사람은 하나님을 반역했습니다. 사람은 하나님의 존재를 부정하려고 합니다. 죄인의 영혼에는 안티 바이러스가 있습니다. 이것은 사람의 본성입니다. 사람들은 끊임없이 반역하고 거역합니다.

그 대표적인 예가 진화론입니다. 창세기 1장 1절에는 "태초에 하나님이 천지를 창조하시니라"라고 기록하고 있습니다. 이것이 우주의 기원입니다. 우리는 이것을 확고하게 믿어야 합니다. 성경은 신화가 아닙니다. 전승된 것도 아닙니다. 성경은 하나님의 말씀입니다. 성경을 믿느냐 믿지 않느냐가 매우 중요합니다. 그런데 다윈이 거대한 종교적인 힘이 지배하던 시대에 진화론을 발표했습니다. 당시 많은 사람이 진화론을 지지했습니다. 다윈은 일약 스타가 되었습니다. 종교가 지배하던 시대에 사람들은 신에게 저항하고 싶어 했습니다. 그때 다윈이 사람들의 가슴에 불을 붙인 것입니다. 그리하여 20세기 후반 다윈의 진화론은 사상, 인문, 과학 등 모든 면에 영향을 끼쳤습니다.

다윈은 한때 성직자가 되려고 했습니다. 다윈의 아내는 신실한 크리스천이었습니다. 그런데 어떻게 이런 일을 할 수 있었을까요? 영적으로 거듭나지 않은 채 교회에 다녀서 그렇습니다. 교회 안에서 이단이 만들어집니다. 어설프게 믿는 것은 매우 위험합니다. 진화론은 과학적 이론이 아닙니다. 진화론은 사람들이 신에 대한 저항심을 표출하게 했습니다. 다윈의 진화론을 받아들이는 순간, 사람의 존재에 대한 기원이 달라집니다. 그러면 세계관이 달라집니다.

진화론을 지지하는 사람은 하나님을 거부합니다. 하나님을 싫어합니다. 왜 이렇게 강하게 반응할까요? 왜 하나님께 반역할까요? 죄인이기 때문입니다. 죄인은 하나님을 두려워합니다. 사람은 신을 인지하는 기능이 있습니다. 하나님이 사람을 창조하셨기 때문입니다. 사람이 하나님을 부정해도, 하나님은 사라지지 않습니다.

반역은 다양한 모습으로 나타납니다. 오늘날 동성애를 옹호하는 사람들이 있습니다. 그것을 대수롭지 않게 생각해서는 안 됩니다. 동성애를 옹호하는 것은 단순한 인권운동이 아닙니다. 그 속에는 하나님을 반역하는 움직임이 있습니다. 그들은 하나님을 저항합니다. 오늘날 무신론이 강화되고 있습니다. 기독교를 제외한 모든 종교 지도자, 사상가, 철학자들이 단결하고 있습니다. 무신론을 옹호하는 책은 이미 무수합니다.

댄 브라운(Dan Brown)의 《다빈치 코드》는 역사소설입니다. 소설이니 허구로 가득합니다. 댄 브라운은 책에서 성경을 마음대로 왜곡하고 기독교를 폄하했습니다. 이 책은 전 세계를 흔들어 놓았습니다. 생물학자 리처드 도킨스(Clinton Richard Dawkins), 크리스토퍼 히친스(Christopher Hitchens)는 영국의 옥스퍼드대학교 출신의 탁월한 지성인입니다. 그런데 이들은 전 세계에 무신론을 퍼뜨리는 데 일조했습니다. 리처드 도킨스는 그의 책을 통해 기독교를 신랄하게 비판했습니다. 기독교를 비판하는 정도가 아니라 마치 하나님과 싸우려고 대드는 듯합니다. 그는 하나님께 악감정을 가지고 있는 듯합니다. 오히려 이런 모습을 통해 이들이 하나님을 의식하고 있다는 것을 느낄 수 있습니다. 하나님을 부정할 수 없기에 하나님을 향해 대드는 듯합니다. 이런 반기독교적 흐름은 갑자기 일어난 것이 아닙니다. 이상하게 여겨서는 안 됩니다.

이는 하나님을 알 만한 것이 그들 속에 보임이라 하나님께서 이를 그들에게 보이셨느니라 창세로부터 그의 보이지 아니하는 것들 곧 그의 영원하신 능력과 신성이 그가 만드신 만물에 분명히 보여 알려졌나니 그러므로 그들이 핑계하지 못할지니라 하나님을 알되 하나님을 영화롭게도 아니하며 감사하지도 아니하고 오히려 그 생각이 허망하여지며 미련한 마음이 어두워졌나니 스스로 지혜 있다 하나 어리석게 되어 썩어지지 아니하는 하나님의 영광을 썩어질 사람과 새와 짐승과 기어다니는 동물 모양의 우상으로 바꾸었느니라 그러므로 하나님께서 그들을 마음의 정욕대로 더러움에 내버려 두사 그들의 몸을 서로 욕되게 하게 하셨으니 이는 그들이 하나님의 진리를 거짓 것으로 바꾸어 피조물을 조물주보다 더 경배하고 섬김이라 주는 곧 영원히 찬송할 이시로다 아멘 롬 1:19-25

하나님은 사람에게 신 인지 기능을 주셨습니다. 하나님을 알게 하셨습니다. 사람은 핑계할 수 없습니다. 그런데 사람들은 하나님을 모른다고 부인합니다. 하나님을 반대하려고 합니다. 자기 마음대로 살고 싶기 때문입니다. 죄책감을 주고 두려워하게 하는 신을 사람들은 싫어합니다.

무신론자들은 하나님과 원수 된 자입니다. 예수님이 이 세상에 오셨을 때, 사람들은 예수님을 배척했습니다. 유대 지도자들은 예수님을 죽이려고 했습니다. 예수님의 존재를 부정하려고 했습니다. 당시 예수님을 믿는 사람들은 믿음이 있다는 사실만으로 핍박받았습니다. 많은 사람이 순교했습니다. 오늘날도 마찬가지입니다. 교회에서 나쁜 짓을 하지 않는데도 교회를 싫어하는 사람들이 있습니다. 기독교를 욕하는 사람들이 있습니다. 하나님을 싫어하기 때문에 교회를 싫어합니다. 하나님의 존재를 부정하고 싶어 합니다. 예수님을 믿는 사람을 싫어합니다. 기독교를 욕합니다. 사람들은 하나님을 없애고 싶어 하지만 그럴 수 없습니다. 그래서 하나님을 따르는 사람을 미워하고 죽이려고 합니다.

우리는 아버지의 존재를 부정하고 반역한 둘째 아들을 통해 내 모습을 발견해야 합니다. 우리는 하나님의 말씀을 듣지만, 하나님의 말씀에 저항하려고 할 때가 많습니다.

> 그때에 너희는 그 가운데서 행하여 이 세상 풍조를 따르고 공중의 권세 잡은 자를 따랐으니 곧 지금 불순종의 아들들 가운데서 역사하는 영이라 엡 2:2

"불순종의 아들들 가운데서 역사하는 영"이 바로 사탄입니다. 사람은 죄를 범함으로 하나님과 원수가 되었습니다. 하나님을 거부합니다. 하나님을 의도적으로 피합니다. 빛을 차단하면 어두워집니다. 이와 마찬가지로 하나님을 등지고 살면, 인생이 어둡습니다. 삶이 무질서합니다.

둘째 아들은 아버지를 무시하고 모독했습니다. 그가 아버지에게 자기 분깃을 요구한 것은 이제 자기 마음대로 살겠다는 의미입니다. 자기가 인생의 주인이 되어 원하는 대로 살겠다는 의미입니다. 자신의 길을 가겠다는 의미입니다. 이것이 반역입니다.

하나님과의 관계를 흔드는 것

둘째 아들은 아버지와의 관계를 단절하려고 했습니다. 그는 아버지와 아들의 관계를 통해 풍성함을 경험할 수 있다는 사실을 전혀 몰랐습니다. 성경은 관계를 중요하게 다룹니다. 관계를 무시하면, 성경의 내용을 이해할 수 없습니다. 신앙생활을 잘할 수 없습니다. 우리는 공동체를 통해 관계를 맺습니다. 공동체적 관점으로 성경을 읽지 않으면, 성경을 올바르게 해석할 수 없습니다.

관계는 많은 것을 내포하고 있습니다. 관계는 신비로운 것입니다. 예수님은 탕자의 비유를 통해 관계의 중요성을 말씀하셨습니다. 본문에서 아버지와 아들의 관계가 핵심입니다. 이것은 하나님과 인간의 관계를 드러냅니다. 관계가 끊어지면 모든 것이 단절되듯, 우리는 하나님과의 관계가 끊어지면 죽습니다. 관계가 끊어지면, 거기에서 오는 복을 경험할 수 없습니다. 신앙이란 하나님과 우리의 관계가 깊어지는 것입니다. 하나님과의 관계를 통해 신비를 경험하지 못하면 신앙생활하기 어렵습니다. 하나님과의 관계가 건강하지 않으면, 모든 것에 문제가 생깁니다.

오늘날은 기업에서도 관계를 중요하게 여깁니다. 이전에는 몇몇 기업이 기술력을 독점하려고 했습니다. 다른 기업들과 철저히 단절되어 있었습니다. 정보를 공유하지 않았습니다. 그런데 지금은 그렇게 해서는 안 됩니다. 아무리 세계적인 기업이라고 해도 기술을 독점하고 다른 기업들과 관계를 단절하면 망할 수 있습니다. 새로운 기술, 새로운 제품을 개발하려면 여러 기업이 힘을 모아야 합니다. 연합해야 합니다. 관계를 무시하면, 할 수 있는 일이 없습니다.

신앙생활도 마찬가지입니다. 하나님을 믿는다는 것은 하나님과의 관계를 믿는다는 의미입니다. 하나님과의 관계 속에서 주어지는 확신이 믿음입니다. 하나님을 깊이 만나면,

관계가 풍성해집니다. 이것을 경험하는 것이 신앙의 핵심입니다.

신앙생활에 있어서 관계가 중요하다는 것을 마귀도 압니다. 그래서 마귀는 관계를 분열시키려고 합니다. 관계가 깨어지면, 모든 것이 끝나기 때문입니다. 마귀는 하나님과 아담의 관계를 깨트렸습니다. 아담과 하와의 관계를 깨트렸습니다. 관계를 깨는 것은 가장 강력한 공격 방법입니다. 마귀는 가정과 공동체, 사회를 무너뜨립니다. 오늘날 깨어진 가정, 깨어진 공동체가 많습니다. 수많은 관계가 깨어져 있습니다.

우리의 신앙생활을 점검해야 합니다. 신앙생활을 하는 데 있어 균형이 매우 중요합니다. 관계가 균형을 이루어야 합니다. 하나님과의 관계, 나 자신과의 관계, 다른 사람과의 관계가 균형을 이루어야 합니다. 이 중에서 하나님과의 관계가 가장 중요합니다. 하나님과의 관계가 깨어져 있으면, 다른 사람과의 관계, 자신과의 관계도 깨어집니다. 다른 사람과의 관계에서 어려움을 겪는다면, 하나님과의 관계가 올바른지 점검해야 합니다. 하나님과의 관계가 깊어지면, 신뢰가 깊어집니다. 하나님을 깊이 신뢰하면, 하나님과 나 사이에 어떤 것도 끼어들지 못합니다. 신앙생활을 하면서 하나님과의 관계가 깊어져야 합니다.

하나님과 사람의 관계가 어떻게 끊어졌습니까? 아담과 하와가 마귀에게 속아 선악을 알게 하는 나무 열매를 먹었을 때입니다. 그들은 하나님과의 관계보다 눈에 보이는 물질을 더 중요하게 생각했습니다. 그 결과 죽음을 경험하게 되었습니다.

예수님 시대와 지금 시대의 공통점이 있습니다. 재물의 힘, 물질의 힘이 매우 강하다는 것입니다. 탕자의 비유에서 둘째 아들은 아버지보다 아버지의 재산에 관심을 가졌습니다. 이것이 물질 중심의 세계관입니다. 둘째 아들은 모든 것을 물질 중심으로 계산하고 판단하고 평가하고 결정했습니다. 둘째 아들은 관계보다 돈을 더 중요하게 여겼습니다. 돈이 이렇게 무서운 것입니다.

돈에 집착하면 돈 외의 다른 것은 보이지 않습니다. 돈은 인간관계를 깨뜨립니다. 하나님은 관계를 통해 우리에게 복을 주십니다. 그런데 소유 중심의 세상에서 사람들은 관계를 중요하게 생각하지 않습니다. 둘째 아들이 그랬습니다. 그는 아버지와의 관계를 통해 경험하는 복이 얼마나 큰가를 알지 못했습니다. 아버지의 재산에 눈이 멀었습니다. 사람들은 소유를 위해 관계를 이용하려고 합니다. 오랫동안 사귄 친구 사이라고 해도 돈 문제가 생기면 원수가 될 수 있습니다.

돈 때문에 신앙생활에 어려움을 겪고 있습니까? 하나님과의 관계에 문제가 있다는 의미입니다. 하나님을 깊이 신뢰하지 않는다는 의미입니다. 돈은 우리가 하나님을 온전히 신뢰하지 못하게 합니다. 돈의 힘은 강력합니다. 돈은 괴력을 가지고 있어 사람을 무력하게 만듭니다. 집중해야 할 것에 집중하지 못하게 만듭니다.

> 한 사람이 두 주인을 섬기지 못할 것이니 혹 이를 미워하고 저를 사랑하거나 혹 이를 중히 여기고 저를 경히 여김이라 너희가 하나님과 재물을 겸하여 섬기지 못하느니라 마 6:24

예나 지금이나 돈은 여전히 우리를 힘들게 합니다. 우리는 하나님과 재물 사이에서 분명한 태도를 가져야 합니다. 물질로 인해 하나님과의 관계가 흔들려서는 안 됩니다. 물질을 주목하는 순간, 믿음을 버릴 수 있습니다.

반역은 망하는 지름길

둘째 아들은 자기중심적이었습니다. 그는 자신의 몫을 챙기는 데 혈안이 되어 있었습니다. 자신에게만 몰두했습니다.

맏아들도 마찬가지였습니다. 동생이 집으로 돌아왔을 때, 맏아들은 기뻐하기보다 자신의 몫이 줄어들 것 때문에 불평했습니다. 이렇게 자신의 몫을 주장하면 갈등이 일어날 수밖에 없습니다. 자신의 몫에 집착하면 공동체가 분열될 수밖에 없습니다.

"한 아이를 키우려면 온 마을이 필요하다"라는 말이 있습니다. 공동체의 중요성을 강조하는 말입니다. 요즘은 이 말의 의미를 실감하기 어렵지만, 예전에는 온 마을 사람이 내 아이 네 아이 할 것 없이 아이를 키우는 데 애정을 더했습니다. 교회도 마찬가지입니다. 한국 교회도 많은 분의 눈물과 헌신이 있었기 때문에 지금까지 올 수 있었습니다. 우리는 공존하고 있습니다. 많은 사람이 헌신하고 기여하기 때문에 우리가 공동체 안에서 살 수 있습니다. 따라서 공동체 안에서 관계는 칼로 자르듯이 끊을 수 없습니다.

그런데 그 속에서 자신의 몫을 지나치게 주장하면 곤란해집니다. 관계가 깨어질 수 있습니다. 관계를 통해 경험하는 것은 돈으로 계산할 수 없습니다. 그가 있으므로 내가 있습니다. 그와 내가 있으므로 우리가 있습니다. 자신의 몫을 주장하는 것은 그동안의 자신을 부정하는 것입니다.

공동체 안에서 자신을 이해하고 받아들여야 합니다. 자기

중심으로 공동체를 바라보아서는 안 됩니다. 그러면 공동체를 올바르게 이해할 수 없습니다. 공동체 속에서 자신을 바라보아야 합니다. 이처럼 건강한 신앙인은 자신을 바라보는 관점이 다릅니다.

성경에서는 개인보다 공동체를 강조합니다. 공동체적 관점으로 성경을 읽어야 합니다. 자기중심으로 성경을 읽으면 내용을 오해할 수 있습니다. 우리에게는 죄성이 있습니다. 죄성이 문제입니다. 죄는 자기애, 이기심으로 드러납니다. 자기애는 하나님을 떠난 것 때문에 나타나는 증상입니다. 하나님을 부정하는 사람, 하나님이 없다고 생각하는 사람은 자기밖에 생각하지 않습니다. 이런 사람에게 자신보다 중요한 존재는 없습니다. 자기에게 몰두하며 살아갑니다.

자신을 스스로 지킬 수 있습니까? 그럴 수 없습니다. 그래서 우리는 늘 불안합니다. 자기에게 몰두하는 사람들은 신념이 강합니다. 자신의 신념을 계속 강화합니다. 고집이 셉니다. 자기밖에 모릅니다. 자기 생각을 절대화합니다. 이것이 교만입니다. 하나님에게서 멀어질수록 자신을 강화합니다. 자신이 하나님이 되려고 합니다. 하나님이 아닌데 하나님이 되려고 하니 얼마나 힘들겠습니까. 모든 면에서 과부하 상태가 됩니다.

자신이 하나님이 된 것이 교만입니다. 자신이 하나님이 된 사람의 내면에는 깊은 불안이 있습니다. 사람의 힘으로는 해결할 수 없는 불안입니다. 자신이 하나님이 된 사람은 자신의 몫을 챙기는 데 열심입니다. 계속해서 끌어모으려고 합니다. 그렇게 하지 않으면 살 수 없다고 생각합니다. 자기중심적입니다.

둘째 아들은 자신에게 돌아올 분깃만 생각할 뿐, 다른 것은 생각하지 않았습니다. 우리도 자칫 이렇게 살 수 있습니다. 우리는 살면서 열심히 돈을 법니다. 돈을 열심히 버는 것은 나쁘지 않습니다. 문제는 돈에 대해 염려하는 것입니다. 돈에 대한 염려는 누구든지 합니다. 왜 염려하는가를 생각해야 합니다.

우리 안에 있는 죄성을 간과해서는 안 됩니다. 자기의 몫만 생각하는 사람은 영안이 어둡습니다. 망하는 길이라는 것을 알면서도 스스로 그 길을 걸어갑니다. 둘째 아들의 모습을 보면, 생각나는 성경 구절이 있습니다.

우리는 다 양 같아서 그릇 행하여 각기 제 길로 갔거늘 여호와께서는 우리 모두의 죄악을 그에게 담당시키셨도다

사 53:6

"그릇 행하여 각기 제 길로" 가는 것이 죄인의 모습입니다. 죄인의 길에서 벗어나는 것은 쉽지 않습니다. 죄인은 각자 자신이 가고 싶은 길을 갑니다. 그러나 자신의 몫, 자신의 길을 주장하면, 모든 것을 잃을 수 있습니다.

오늘날은 무한경쟁 시대입니다. 사람들은 더 많이 가지려고 합니다. 파이 전쟁에서 이기려고 쉬지 않고 노력합니다. 세상은 구조적으로 인간을 탕자로 살아가도록 내몰고 있습니다. 우리는 한순간에 탕자로 전락할 수 있습니다. 자칫하면 신앙을 버릴 수도 있습니다.

아버지를 벗어난 것은 자유가 아니라 자기소외입니다. 하나님을 부정하고 소외시킨 결과는 자기 유기(遺棄)입니다. 자신을 배척하는 것입니다. 둘째 아들이 자신에게 돌아올 분깃을 요구한 결과가 어떠했습니까? 아버지를 부정하는 순간, 그는 가정에서 벗어났습니다. 모든 것을 소진했습니다. 둘째 아들은 인생의 밑바닥을 경험했습니다.

본문에서 우리는 둘째 아들의 반역을 보았습니다. 둘째 아들의 모습을 통해 우리 안에 있는 반역의 성향을 볼 수 있어야 합니다. 반역의 성향이 순종의 성향으로 바뀌어야 합니다. 예수님은 하나님 아버지께 철저히 순종하셨습니다. 우리는 예수님의 순종을 배워야 합니다. 하나님 아버지와의 관계보다 중요한 것은 없습니다.

무엇에 집중합니까? 무엇에 주목합니까? 물질을 통해 하나님을 잘 섬길 수 있지만, 물질을 통해 하나님으로부터 멀어질 수도 있습니다. 물질의 힘과 싸워 이기는 것은 쉽지 않습니다. 교회 밖으로 나가면, 돈이 세상을 지배하기 때문입니다. 우리는 하나님과 더욱 친밀해져야 합니다. 우리의 아버지 되신 하나님과 더욱 가까워져야 합니다.

3장.

아버지는 아파하며 사랑하십니다

"… 아버지가 그 살림을 각각 나눠 주었더니" 눅 15:12b

탕자의 비유를 읽는 동안, 우리는 상상력을 동원해야 합니다. 자신에게 돌아올 분깃을 달라고 아버지에게 요구하는 둘째 아들의 표정이 어떠했을지 상상해 봅시다. 아마도 둘째 아들은 무표정한 얼굴로 아버지에게 매몰차게 말했을 것입니다. 그렇다면 둘째 아들을 마주 보고 있는 아버지의 표정은 어떠했을까요? 아버지는 둘째 아들의 말을 듣고 매우 당황했을 것입니다.

그런데 아버지는 둘째 아들이 요구한 대로 들어주었습니

다. 재산의 1/3을 내주었습니다. 이것은 쉬운 일이 아닙니다. 당시에는 요즘 같은 은행도 없었습니다. 아버지는 그 어마어마한 양의 재산을 내주기 위해 돈을 마련해야 했습니다. 계좌로 송금하거나 서류에 사인하는 정도의 일이 아닙니다. 그때부터 아버지는 가축을 팔고, 땅을 파는 등 동분서주했을 것입니다.

사실, 보통의 아버지라면 아들에게 재산을 쉽게 내주지 않았을 것입니다. 소위 뼈대 있는 가문에서는 감히 이런 요구조차 할 수 없었을 것입니다. 그런데 본문에 등장하는 아버지는 힘이 없어 보입니다. 마치 자식을 방임하는 것 같습니다.

본문을 읽으며 우리는 아버지의 마음을 읽어야 합니다. 둘째 아들의 분깃을 내어줄 때, 아버지의 마음이 어떠했을까를 생각해 보아야 합니다.

고통을 감내하신 사랑

그러고 보면 둘째 아들은 지금 말도 안 되는 것을 아버지에게 요구했습니다. 그런데 아버지는 아들의 요구를 거절하지 않았습니다. 왜 그랬을까요?

성경에 보면, 이렇게 말도 안 되는 것을 하나님께 요구한 사람들이 있습니다. 이스라엘 백성입니다. 그들은 하나님께

왕을 세워 달라고 했습니다. 하나님이 왕이신데, 이런 요구는 무례한 짓입니다. 하나님께 반역하는 것입니다. 그런데 하나님은 그들의 요구를 들어주셨습니다. 이스라엘에 왕을 세워 주셨습니다. 그리고 이스라엘 백성은 그 왕 때문에 고생했습니다. 이를 통해 이스라엘 백성은 사람의 통치가 허접하다는 것을 경험했습니다.

본문에서 우리는 아버지의 슬픔을 느낄 수 있어야 합니다. 둘째 아들의 태도는 반역이요, 아버지에 대한 배척입니다. 곧 아버지의 집을 떠나겠다는 의미입니다. 이 사실이 아버지를 더욱 아프게 했습니다. 아버지의 아픔은 돈을 잃은 것 때문이 아닙니다. 아들을 잃어서 아픈 것입니다.

아버지에게 돈은 그리 큰 문제가 아닙니다. 돈은 다시 벌면 됩니다. 언제든 복구가 가능합니다. 세상은 돈이 가장 중요한 것처럼 떠들지만 그렇지 않습니다. 그런데 아들은 돈만 있으면 된다고 믿고 있습니다. 세상에서 살다 보면 이렇게 착시 현상이 일어납니다. 돈으로 천국을 만들 수 있을 것 같습니다. 돈만 있으면 무엇이든 할 수 있을 것 같습니다. 행복도 살 수 있을 것 같습니다. 그런데 이것은 착각입니다. 세상이 뿌려 놓은 아주 심각하게 거짓된 이론입니다. 돈은 가치의 관점에서 보면 그 순위가 아주 뒤에 있습니다. 가치 있는 것, 진짜 좋은 것은 돈과 상관이 없습니다. 사랑, 우정, 믿음, 신뢰, 평안, 행복, 지혜 등이 돈과 무슨 연관이 있습니까? 돈으로는 결코 살 수 없는 것들입니다.

아버지의 아픔에는 또 다른 이유가 있습니다. 앞으로 아들이 겪게 될 고통이 무엇인지 아는 데서 오는 아픔입니다. 아버지는 집을 떠난 둘째 아들이 성공은커녕 머지않아 실패할 것을 알았습니다. 둘째 아들은 아버지가 준 그 돈 때문에 망할 것입니다. 아버지를 떠난 삶은 불행입니다. 그러나 아버지는 그 고통까지 끌어안고 있습니다. 앞으로 아들이 겪을 고통은 고스란히 아버지의 고통이 될 것입니다. 자식이 고통당할 때 그것을 지켜볼 수밖에 없는 부모의 괴로움은 실로 엄청납니다. 그 고통의 크기는 비교할 수 없습니다. 그런데 자식은 이것을 모릅니다. 많이 성숙해야만 알 수 있습니다.

부모는 자녀에게 다 주고 싶습니다. 더 주고 싶을지언정 자녀에게 아낄 것이 없습니다. 그러나 다 주면 망합니다. 그래서 사랑을 아끼는 것입니다. 여기에서 부모와 자녀 사이에 갈등이 일어납니다. 자녀는 부모에게 왜 주지 않느냐고 대듭니다. 그러나 자녀를 사랑한다면, 자녀가 아무리 떼를 써도 요구 대로 해주어서는 안 됩니다.

그런데 더 깊이 생각해 보면, 아버지는 사랑하기 때문에 아들에게 무엇이든 줄 수 있습니다. 유산을 내어줌으로 아들이 당할 고통, 그보다 더 큰 고통을 아버지로서 겪어 내리라 각오한 것입니다. 어떻게 그럴 수 있을까요? 아버지는 아들이 인생의 끝에 이르러서야 돌아올 것까지 내다보고 있는 것입니다. 아버지는 유산을 주지 않아야 하지만, 주어야만 하는 상황을 받아들이고 있습니다.

유산을 손에 든 아들은 기뻐 춤을 춥니다. 그러나 유산을 건네는 아버지의 가슴은 찢어집니다. 지금 아들이 놓친 것이 있습니다. 아버지의 마음입니다. 큰아들도 다르지 않습니다. 두 아들은 모두 아버지의 마음을 전혀 알지 못했습니다. 아버지의 마음은 어제나 오늘이나 같습니다.

"나는 네게 모든 것을 다 줄 수 있다. 나는 너를 사랑한다."

우리를 향한 하나님 아버지의 마음이 그렇습니다. 그러나 아들은 아버지의 마음을 읽지 못합니다. 자기 행동이 얼마나 아버지를 고통스럽게 하는지 보지 못합니다. 그는 자신에게만 몰두하고 있습니다. 오직 자기 자신만 생각하고 있습니다. 자기 행복만 추구하는 것입니다. 죄의 특성을 그대로 드러내고 있습니다. 자기중심주의입니다.

내 행복에만 집중하면 행복해질까요? 그렇지 않습니다. 신기하게도 행복은 추구하면 할수록 사라집니다. 나만 행복해지는 것은 불가능합니다. 그런 것은 존재하지 않습니다. 나만의 행복을 추구하는 것은 쾌락입니다. 물론 쾌락에도 행복이 있습니다. 그러나 그 행복은 짧습니다. 자기 행복을 위해 결혼하면 불행은 생각보다 금방 찾아옵니다. 행복이란 이처럼 묘합니다. 그래서 사람들은 행복을 추구하면 얻을 수 있다고 착각합니다. 그런데 노력할수록 오히려 행복과 멀어집니다. 물론 순간적으로 행복해진 것 같은 느낌은 들 수 있습니다. 그러나 그것은 진정한 행복이 아닙니다. 만족스럽지 않습니다. 그래서 사람들은 더 나은 것을 찾습니다. 그럴수록 행복을 향한 갈망은 더욱 심해집니다.

'가스라이팅'은 일종의 감정 폭력입니다. 자신을 위해 상대방을 지배하고 묶어 두려고 합니다. 이것은 빗나간 사랑, 병적 자기애에서 비롯된 것입니다. 자기 외의 세계와는 철저히 차단되어 있습니다. 오늘날 개인주의가 깊어짐에 따라 이러한 병적 현상이 심해지고 있습니다. 이처럼 다른 사람은 전혀 생각하지 않은 채 자신의 만족만 생각하며 살다 보면, 다른 사람에게 상처를 줄 수 있습니다. 자신만의 행복을 지나치게 추구하는 사람은 다른 사람을 불행하게 할 수 있습니다. 이것이 오늘날 세상의 모습이요, 우리의 모습이기도 합니다.

본문에 등장하는 둘째 아들은 자기 행복만 생각했습니다.

그는 아버지의 마음을 전혀 헤아리지 못했습니다. 그는 꿈을 이루고 싶었을 것입니다. 거기에 아버지가 거추장스럽게 느껴졌을 것입니다. 둘째 아들은 아버지가 없어져야 자신의 꿈을 이룰 수 있다고 생각했을 것입니다. 아버지를 장애물로 여겼을 것입니다. 이것이 불효입니다.

무언가를 열심히 해야, 무언가를 손에 쥐어야 행복해지는 것은 아닙니다. 우리는 하나님을 따라가면 됩니다. 하나님을 따라가면 행복해집니다. 모든 즐거움은 하나님으로부터 비롯됩니다. 즐거움의 근원, 행복의 근원은 하나님이십니다. 하나님은 우리에게 모든 것을 풍성하게 주고 싶어 하십니다.

로마서 8장 32절에서 바울은 "자기 아들을 아끼지 아니하시고 우리 모든 사람을 위하여 내주신 이가 어찌 그 아들과 함께 모든 것을 우리에게 주시지 아니하겠느냐"라고 말합니다. 에베소서 3장 20절에서도 하나님을 "우리 가운데서 역사하시는 능력대로 우리가 구하거나 생각하는 모든 것에 더 넘치도록 능히 하실 이"라고 말했습니다. 아버지의 집보다 좋은 곳, 아버지의 품보다 따뜻한 곳은 없습니다.

무엇 때문에 열심히 하는가

하나님과 상관없이 자기 열심에 도취한 사람이 많습니다.

그러나 얼마나 열심히 하는가는 중요하지 않습니다. 열심의 방향이 중요합니다. 무엇을 위한 열심인가가 중요합니다. 중요한 것은 하나님의 마음을 아는 것입니다. 하나님은 하나님의 마음을 아는 사람을 찾으십니다.

종교적 열심은 무섭습니다. 사도 바울이 예수님을 만나기 전에는 율법을 지키는 데 열심이었습니다. 그는 스데반 집사를 죽이는 일에도 가담했습니다. 그는 그것이 하나님을 반역하는 일인 줄 몰랐습니다. 자신이 잘한다고 생각했습니다. 서기관들과 바리새인들은 어떠했습니까? 그들의 열심은 예수님을 십자가에 못 박았습니다. 열심히 하지 않는 것이 문제가 아니라 잘못된 열심, 하나님과 상관없는 열심이 문제입니다. 이런 일은 지금의 교회에서도 얼마든지 일어납니다. 종교적 열심이 폭력으로 이어지는 경우가 많습니다. 하나님을 섬긴다고 하지만 실상은 예수님을 십자가에 못 박을 때가 많습니다. 하나님을 섬기기보다 죽이는 일에 가담할 때가 있습니다. 왜 이런 일이 일어납니까? 열심은 외적인 것이 될 수 있기 때문입니다.

잘못된 열심, 하나님과 상관없는 열심의 폐해는 매우 큽니다. 잘못된 열심은 자기 숭배로 이어집니다. 자기 멋에 스스로 도취합니다. 이것이 '나르시시즘'입니다. 탕자의 비유에 등장하는 맏아들이 여기에 속합니다. 그는 전형적인 외형주의자, 형식주의자였습니다. 그는 아버지의 집에서 열심히 일했습니다. 그런데 동생이 집으로 돌아왔을 때, 그는 폭력적으로 행동했습니다. 그는 아버지에 대한 불만을 노골적으로 드러냈습니다.

맏아들의 이런 행동의 이유는 아버지의 마음을 알지 못했기 때문입니다. 그는 아버지의 마음에 관심이 없었습니다. 그래서 아버지를 아프게 할 수밖에 없습니다. 사실 자식이 부모님의 마음을 안다는 것은 쉽지 않습니다. 부모님의 마음은 숨어 있습니다. 부모님은 자식을 생각하여 말씀하실 때가 많습니다. 자식이 부모님을 찾아가려고 하면, 부모님은 "바쁠 텐데 오지 마라"고 말씀하십니다. 이 말씀을 곧이곧대로 이해해서는 안 됩니다. 부모님은 자식을 생각하여 진심을 드러내지 않습니다.

성경 인물 중에서 하나님께 인정받은 사람이 있습니다. 다윗입니다. 하나님은 다윗을 왕으로 세우시고 "내가 이새의 아들 다윗을 만나니 내 마음에 맞는 사람이라 내 뜻을 다 이루리라"(행 13:22)고 말씀하셨습니다. 하나님의 마음에 맞다는 말은 하나님과 마음이 통한다는 의미입니다. 이것은 최고의 칭찬입니다.

다윗은 하나님의 마음을 알았습니다. 그는 하나님의 마음에 민감했습니다. 다윗이 쓴 시편을 보면, 하나님의 마음을 알았다는 것을 알 수 있습니다. 그의 열정은 하나님의 마음을 아는 것에서 비롯되었습니다. 이처럼 우리는 하나님의 마음을 알아야 합니다. 인간관계에서도 상대방의 마음을 알고 이해하는 것은 중요한 덕목입니다. 상대방과 마음이 통하면 그것으로 충분합니다. 그런데 이것은 쉽지 않습니다. 세상에서 가장 어려운 일 가운데 하나가 사람의 마음을 읽는 것입니다.

> 아버지께 참되게 예배하는 자들은 영과 진리로 예배할 때가 오나니 곧 이 때라 아버지께서는 자기에게 이렇게 예배하는 자들을 찾으시느니라 하나님은 영이시니 예배하는 자가 영과 진리로 예배할지니라 요 4:23-24

하나님이 영과 진리로 예배하는 자를 찾으신다는 것은 하나님의 마음을 알고 예배하는 자를 찾으신다는 의미입니다. 하나님은 예배드리는 사람의 마음을 받기 원하십니다. 종교적 의식보다 마음이 담긴 예배를 받기 원하십니다.

우리가 말씀을 묵상하는 것은 위로받기 위해서가 아닙니다

다. 말씀을 통해 위로받기만 원하는 것은 자기중심적 생각에서 비롯된 것입니다. 우리는 하나님의 마음을 읽기 위해 말씀을 묵상해야 합니다. 말씀을 통해 하나님의 마음을 읽어야 합니다. 하나님의 마음을 읽으면 행동이 달라집니다. 행동은 마음에서 비롯되기 때문입니다. 마음이 몸을 움직입니다. 신앙생활을 하지만 하나님의 마음을 모르면 믿음이 성장하지 않습니다. 늘 제자리걸음을 합니다. 신앙생활을 하지만 늘 방황합니다.

하나님의 마음을 아는 사람은 하나님께 사로잡힙니다. 다윗은 하나님께 사로잡혔습니다. 다윗은 하나님의 말씀대로 순종하는 것을 즐거워했습니다. 예수님도 말씀에 순종하는 것을 기뻐하셨습니다. 그래서 기꺼이 십자가에 못 박히셨습니다. 하나님의 말씀에 순종하신 것입니다.

교회에 빨리 적응하여 봉사하려고 하지 마십시오. 감동 받았다고 성급하게 나섰다가 크게 실망할 수 있습니다. 자칫하면 교회를 떠날 수도 있고, 기독교를 욕하는 사람이 될 수도 있습니다. 왜 그렇습니까? 일꾼이 되어 교회 안으로 깊이 들어오면, 자신이 기대했던 것과는 다른 모습을 발견하기 때문입니다. 눈에 보이는 교회는 하나의 조직체입니다. 조직체 안에서는 상식에 미치지 못하는 일이 얼마든지 일어날 수 있습니다. 그런데 그것을 받아들일 능력이 없는 것이 문제입니다. 우리의 목표는 조직의 일원이 되는 것이 아닙니다. 하나님의 마음에 맞는 사람이 되는 것입니다. 조직이나 사람을 바라보지 말고, 오직 하나님을 바라보아야 합니다. 하나님을 깊이 만나고, 하나님의 마음을 알고 난 후에 봉사하면, 어떤 어려움이 있어도 이겨낼 수 있습니다.

중요한 것은 열심의 뿌리입니다. 하나님의 마음에서 비롯된 것이 아니면, 엉뚱한 길로 빠질 수 있습니다. 신앙생활을 오래 했는데도 믿음이 깊어지지 않는 것은 중심에 문제가 있기 때문입니다. 하나님을 모르니 오해하는 것입니다. 오늘날 너무 많은 사람이 하나님을 오해합니다.

신자도 마찬가지입니다. 하나님을 모른 채 섬기는 사람이 많습니다. 하나님을 섬긴다고 하는데, 오히려 하나님과 반대 방향으로 갑니다.

능히 모든 성도와 함께 지식에 넘치는 그리스도의 사랑을 알고 그 너비와 길이와 높이와 깊이가 어떠함을 깨달아 하나님의 모든 충만하신 것으로 너희에게 충만하게 하시기를 구하노라 엡 3:18-19

오늘날 우리의 신앙 상태가 위태롭습니다. 그 이유가 무엇일까요? 하나님의 사랑을 깊이 경험하지 못했기 때문입니다. 그분의 사랑을 모르기 때문입니다. 하나님의 사랑을 경험하지 못한 사람은 신앙생활을 해도 어색합니다. 예배드렸을 때와 예배드리지 않았을 때가 크게 다르지 않습니다. 그들에게 예배는 그저 종교생활입니다. 예배를 드리지만, 형식적으로, 습관적으로 드립니다. 모든 것이 부담스럽습니다. 즐겁지 않습니다. 그런 사람들은 영이 죽어 있습니다. 하나님을 향해 마음을 열지 않습니다. 하나님과 친밀하게 교제할 수 없습니다.

하나님을 오해하면, 고민이 많아집니다. 고민거리를 드러내 놓고 말하지 못합니다. 마음이 편하지 않습니다. 그렇게 되면 하나님으로부터 점점 멀어집니다. 하나님과 친밀감은 커녕 거리감을 느낍니다. 왜 이런 일이 일어날까요? 하나님을 알지 못하기 때문입니다. 하나님의 마음을 이해하지 못하면, 영적으로 타락할 수 있습니다. 하나님을 알지 못하기 때문에 하나님께 반역하고, 말씀대로 순종하지 않습니다.

하나님을 얼마나 아십니까? 하나님의 마음을 알기 위해 얼마나 노력합니까? 하나님께 초점을 맞추고 있습니까? 하나님 아버지의 마음을 온전히 이해할 때, 영적으로 성숙할 수 있습니다. 하나님의 마음을 알 때, 삶이 달라집니다.

하나님 마음을 아는 것으로 충분하다

우리는 성경을 읽으며 하나님의 마음을 알아 가야 합니다. 우리를 향한 하나님의 사랑을 발견해야 합니다. 탕자의 비유를 통해 우리는 하나님 아버지의 마음을 느낄 수 있습니다. 성경 곳곳에서 하나님의 마음을 느낄 수 있습니다.

탕자의 비유에서 아버지는 둘째 아들의 미래를 내다보고 있습니다. 둘째 아들이 자신에게 주어진 분깃을 어떻게 사용할 것인지, 또 어떤 고통을 겪을 지도 아버지는 아는 듯합니다. 지금 아버지의 마음은 둘째 아들에게 쏠려 있습니다. 둘째 아들은 집을 떠났지만, 아버지의 가슴에는 그대로 있었습니다. 아버지의 마음은 아팠습니다.

십자가를 묵상할 때, 우리는 일반적으로 예수님의 고통만 생각합니다. 그러나 예수님이 십자가에 못 박히셨을 때, 예수님보다 더 고통스러워하신 분이 있습니다. 하나님 아버지이십니다. 하나님 아버지는 죄인들을 구원하시기 위해 아들 예수님을 십자가에 못 박혀 죽게 하실 수밖에 없었습니다. 예수님이 십자가에서 "나의 하나님, 나의 하나님, 어찌하여 나를 버리셨나이까"(마 27:46)라고 절규하셨을 때, 하나님이 얼마나 고통스러우셨을지 우리는 다 헤아릴 수 없습니다.

십자가를 깊이 묵상해야 합니다. 십자가를 묵상할 때, 모든 문제의 해답을 찾을 수 있습니다. 그런데 사람들은 십자가를 이해하지 못합니다. 그래서 하나님의 마음을 알지 못합니다. 하나님의 마음을 알려면, 십자가를 이해해야 합니다. 십자가에 못 박히신 성자 예수님을 바라보는 하나님 아버지의 마음을 이해해야 합니다. 그럴 때 하나님께 더 이상 반항하지 않게 됩니다. 하나님의 말씀대로 온전히 순종하게 됩니다. 하나님은 우리에게 마음을 다 보여 주셨습니다. 우리를 향한 하나님의 사랑을 보여 주셨습니다. 그 사랑을 알기 전에는 하나님께 온전하게 순종할 수 없습니다. 그러나 그 사랑을 알면, 하나님을 위해 헌신하고 싶어집니다.

우리는 하나님 아버지의 마음 알기를 소망해야 합니다. 우리를 향한 하나님의 마음을 알면, 그것으로 충분합니다. 하나님이 나를 얼마나 사랑하시는가, 그 사랑 때문에 십자가를 통해 무엇을 행하셨는가를 아는 것이 중요합니다. 우리 안에는 선한 것이 없습니다. 우리가 하나님 안에 있을 때, 하나님으로부터 선한 것이 나옵니다. 우리는 하나님의 사랑 안에 있습니다. 하나님의 사랑은 매우 큽니다. 우리가 하나님의 사랑 안에 있다는 것을 확신해야 합니다.

자신의 힘으로 무엇인가 성취하려고 하지 마십시오. 자기 열심, 자기 노력보다 중요한 것은 하나님을 의지하는 것입니다. 하나님의 마음을 알지 못한 채 무엇을 하면, 우리는 하나님으로부터 멀어질 수 있습니다. 하나님의 마음을 아프게 할 수 있습니다.

우리는 하나님의 마음을 알기 위해 노력해야 합니다. 그러려면 하나님의 사랑 안에 거해야 합니다. 하나님은 내가 나를 사랑하는 것보다 나를 더 사랑하십니다. 나를 사랑하시는 하나님은 전능하십니다. 우리를 향한 하나님의 사랑은 매우 큽니다.

탕자의 비유에 등장하는 둘째 아들은 아버지의 마음을 알지 못했습니다. 아버지의 사랑을 알지 못했습니다. 그래서 아버지의 집을 떠났습니다. 하나님 아버지의 마음을 알지 못하면 방황합니다. 하나님의 사랑을 알지 못하기 때문에 세상에서 사랑을 찾습니다.

하나님 아버지의 마음을 온전히 아는 사람은 방황하지 않습니다. 그 사랑을 경험해야 합니다. 그 마음을 온전히 알아야 합니다. 신앙은 하나님 아버지의 마음을 아는 것에서 시작합니다. 하나님 아버지의 사랑을 경험하는 것이 매우 중요합니다.

우리가 하나님의 마음을 알 때, 하나님은 기뻐하시는 일에 우리를 사용하십니다. 우리의 힘으로 하는 것이 아닙니다. 하나님의 사랑이 우리를 움직입니다. 하나님의 사랑이 우리를 살게 합니다.

Part 2.

떠나는 아들

4장.

유토피아는 없습니다

"그 후 며칠이 안 되어 둘째 아들이 재물을 다 모아 가지고 먼 나라에 가…" 눅 15:13a

나를 아는 것은 쉽지 않습니다. 사람들은 자신이 누구인지 알지 못한 채 살아갑니다. 내가 누구인지도 모르는데, 제대로 살 수 있겠습니까? 살아가면서 우리는 스스로를 계속해서 포장합니다. 사람들은 속내를 드러내지 않고 살아갑니다. 그러다 보면 자신의 참모습조차 모르게 됩니다. 거짓된 모습을 자신의 참모습이라고 생각합니다.

마침내 둘째 아들은 아버지의 재산 중에서 자신의 분깃을 받아 집을 떠나고 말았습니다. 둘째 아들은 재물을 다 모아서 먼 나라로 갔습니다. 본문을 보니 둘째 아들은 한시라도 빨리 집을 떠나고 싶었던 것 같습니다. 자신의 분깃을 받은 그는 서둘러 집을 떠났습니다. 지체하지 않았습니다. 둘째 아들이 가지고 간 재물은 아버지가 일평생 모은 것이었습니다. 아버지에게는 생명과도 같은 것이었습니다. 그걸 들고 떠났다니, 아버지의 생살을 찢은 것이나 다름없습니다. 그러니 아버지의 마음이 얼마나 아팠겠습니까?

자유를 찾아 떠난 먼 나라

둘째 아들은 아버지의 집에 있으면서도 먼 나라를 계속 꿈꾸었습니다. '먼 나라'는 아버지의 집에서 먼 곳을 의미합니다. 둘째 아들이 아버지의 집을 떠나 향한 먼 나라가 어디인지, 둘째 아들이 그곳에서 자신이 원하는 대로 행복하게 살 수 있을지는 알 수 없습니다. 그러나 둘째 아들은 신났습니다. 그곳이 아버지의 집보다 나은 곳이라고 생각했을 것입니다. 둘째 아들은 아버지를 떠나 자유롭게 살고 싶었습니다. 간섭을 받지 않고 살고 싶었습니다. 둘째 아들처럼 독립을 꿈꾸는 사람은 먼 나라를 향합니다.

에덴동산에서 뱀은 아담과 하와를 유혹하여 하나님이 먹

지 말라고 말씀하신 선악을 알게 하는 나무의 열매를 따 먹게 했습니다. 뱀은 하와에게 "너희가 그것을 먹는 날에는 너희 눈이 밝아져 하나님과 같이 되어 선악을 알 줄 하나님이 아심이니라"(창 3:5)고 말했습니다. 뱀의 유혹은 강력했습니다. 에덴동산은 모든 것이 풍성했지만, 뱀은 풍성함보다 하나님과 같이 되는 것을 선택하도록 아담과 하와를 유혹했습니다. 아담과 하와는 하나님이 선악을 알게 하는 나무의 열매를 먹지 말라고 말씀하신 것을 자유를 억제하신 것으로 생각했습니다. 사람은 낙원을 꿈꿉니다. 마귀는 하나님의 통치를 벗어난 나라로 사람들을 인도합니다. 그런데 하나님의 집, 에덴동산보다 더 나은 곳이 있을까요?

둘째 아들에게는 아버지의 집 밖의 세상이 더 좋아 보였습니다. 둘째 아들은 먼 나라를 오랫동안 동경했습니다. 아버지의 집을 떠나려고 하는 욕망이 문제입니다. 사람은 하나님을 떠나려고 하는 욕망을 품습니다. 그래서 끊임없이 숨습니다. 도피합니다. 도망갑니다. 누가복음 15장에서 예수님은 탕자의 비유와 함께, 잃은 양을 찾은 목자의 비유, 잃은 드라크마를 찾은 여인의 비유를 말씀합니다. 하나님은 계속해서 숨고 도망가려고 하는 사람을 찾으십니다. 에덴동산에서 하나님의 명령을 어긴 아담과 하와는 하나님의 낯을 피하여 동산 나무 사이에 숨었습니다. 그때 하나님은 아담을 부르시며 "네가 어디 있느냐"(창 3:9)라고 물으셨습니다. 지금도 하나님은 떠난 사람들을 찾으십니다.

둘째 아들은 아버지의 존재를 거부했습니다. '내 인생의 주인은 나'라고 생각했습니다. 아버지가 간섭하는 것이 몹시 싫었습니다. 이처럼 인간에게는 자아실현의 욕구가 있습니다. 더 나은 삶을 살기 원합니다. 이것은 본능적인 욕구라고 할 수 있습니다. 나쁜 것이 아닙니다. 그런데 문제는 하나님 없이 더 나은 삶을 살기 원하는 것입니다. 자신이 주인이 되어, 왕이 되어 살기 원하는 것입니다. 이런 사람은 성경을 읽어도 자아를 실현하기 위해 읽습니다. 기도해도 자신을 추구하는 기도를 합니다. 자신을 극대화합니다. 자아를 실현하기 위해 봉사합니다. 모든 것의 중심에 자신이 있습니다.

둘째 아들은 아버지의 집을 떠나 먼 나라에 가는 것을 꿈꾸었습니다. 그런데 이것은 잘못된 꿈입니다. 잘못된 꿈은 이루어지지 않습니다. 둘째 아들은 먼 나라에 가서 자아실현은커녕 자아를 상실했습니다. 하나님을 떠나면, 자아를 잃습니다. 하나님을 떠난 사람은 자신이 누구인지 알지 못합니다. 자신이 누구인지 알지 못하는 사람은 다른 사람을 흉내내며 삽니다. 오늘날 많은 사람이 다른 인생을 모방합니다.

비슷비슷하게 삽니다. 왜 모방합니까? 두려움 때문입니다. 남들과는 다르게, 자신만의 삶을 살기 원하지만 불안한 것입니다. 다르게 살 용기가 없습니다. 그리스도인들도 마찬가지입니다. 그리스도인으로서의 정체성을 유지하지 못한 채 세상 사람들과 똑같이 삽니다. 삶의 방식과 추구하는 것이 그들과 다르지 않습니다. 그러다 보면 점차 자아를 잃어 갑니다.

먼 나라라는 신기루

둘째 아들이 꿈꾸었던 먼 나라는 위험한 곳입니다. 아버지를 벗어나 자유롭게 살 수 없습니다. 아버지의 집을 떠나면, 길을 잃습니다. 그런데 먼 나라에는 둘째 아들과 비슷한 사람들이 모여 삽니다. 모두 아버지의 집을 떠나 방황하고 있습니다. 먼 나라는 하나님을 떠난 사람이 스스로 만든 나라입니다. 하나님이 개입하지 않는 나라, 하나님이 간섭하지 않는 나라입니다. 하나님으로부터의 독립을 선언한 사람들의 자부심이 가득한 곳입니다. 그곳에서는 전통이나 관습에 얽매이지 않습니다. 자신이 원하는 대로 살 수 있습니다.

사람들은 먼 나라를 동경합니다. 이것은 죄에서 비롯되었습니다. 공산주의자는 유토피아를, 무슬림은 파라다이스를 꿈꾸었습니다. 초기 기독교 역사를 살펴보면, 수도원을 세웠던 때가 있었습니다. 타락하기 이전의 모습을 회복하기 원했던 것입니다. 그러나 그것은 헛된 꿈이었습니다. 동경하는 세계는 멀리서 보면 멋있어 보입니다. 조금 더 노력하면 도달할 것 같습니다. 그러나 도달할 수 없습니다. 시골에서 대도시로 올라온 청년들은 도시의 불빛에 쉽게 매료됩니다. 아버지의 집을 잊어버립니다. 그러나 화려한 도시의 뒷면에는 사악함이 숨어 있습니다.

우리는 세속 도시에서 살고 있습니다. 세상 속에서 사람들은 하나님이 없다고 생각합니다. 하나님을 부정합니다. 이 세상은 사람을 위한, 사람에 의한, 사람의 세상입니다. 인본주의 세상입니다. 세상 속에서 하나님의 이름은 완전히 지워졌습니다. 이것이 둘째 아들이 꿈꾼 세상의 모습입니다. 먼 나라는 금지하는 것이 없습니다. 경계가 없습니다. 억제하는 것이 없습니다. 자신이 욕망하는 대로, 자신의 감정대로 행동하면 됩니다. 사람들의 눈치를 볼 필요가 없습니다. 사람들의 말에 신경 쓰지 않아도 됩니다. 이런 세상에서 둘째 아들은 가진 돈을 마음껏 쓰면 됩니다. 그러나 도착한 먼 나라는 안전한 곳이 아니었습니다. 꿈꾸었던 것과 현실은 달랐습니다. 좋아 보이던 것이 손에 잡히는 순간 달라집니다. 자기실현은 고사하고, 자신이 물질이 됩니다. 자신이 주인이 아니라 노예가 됩니다.

아담의 후예가 공통되게 경험하는 것이 있습니다. 하나님을 등진 순간, 혼돈과 무질서를 경험합니다. 두려움과 불안, 절망과 무가치를 경험합니다. 자신이 찾던 나라는 아득하게 멀어집니다. 유토피아는 어디에도 없다는 것을 깨닫습니다. 먼 나라는 둘째 아들이 욕망하던 나라였습니다. 그의 내면에 있는 욕망 덩어리가 먼 나라라는 허구의 세계를 만들었습니다. 그러나 먼 나라는 실재하지 않습니다.

둘째 아들은 아버지의 집에서 멀리 떨어져 있습니다. 자신이 꿈꾸었던 세계와도 멀리 떨어져 있습니다. 언제나 그렇습니다. 기대하고 갈망하던 것을 손에 쥐는 순간, 이게 아니라는 사실을 깨닫습니다. 둘째 아들은 아버지의 집을 떠나 자유를 만끽했습니다. 그러나 그 자유는 오래가지 않았습니다. 사람들은 하나님을 떠나 살면, 자유로울 것이라고 생각합니다. 그런데 그렇지 않습니다. 오히려 반대입니다. 자신이 하나님이 되려고 하는 순간, 자유를 잃습니다.

사람은 자유를 중요하게 생각합니다. 사람은 자유로워야 한다고 생각합니다. 하나님은 사람에게 자유의지를 주셨습니다. 하나님이 사람에게 주신 자유는 하나님 안에서 경험하는 자유입니다. 하나님 없이 자유를 경험할 수 없습니다. 하나님 없는 사회는 제동장치가 없는 자동차와 같습니다. 신앙 생활을 하는 것이 불편합니까? 주일 성수, 봉사, 헌금생활이 힘듭니까? 교회에 등록하라고 권유하는 것이 얽어매는 것 같습니까? 이 땅의 교회에서는 사람을 얽어맬 수 있습니다. 그러나 교회에 속할 때, 우리는 자유를 경험합니다.

우리는 교회 구성원이기 전에 하나님 아버지의 자녀입니다. 우리가 경험하는 자유와 세상 사람들이 말하는 자유는 다릅니다. 예수님은 "진리를 알지니 진리가 너희를 자유롭게 하리라"(요 8:32)라고 말씀하셨습니다. 우리는 하나님의 진리 안에서 자유를 누립니다. 진리 안에서 자유를 누린다는 것은 하나님께 매일 때 진정한 자유를 경험한다는 의미입니다. 기차가 레일을 벗어나는 것은 탈선입니다. 레일을 벗어난 기차는 움직일 수 없습니다. 레일은 기차를 구속하는 것이 아니라 기차를 자유롭게 하는 것입니다. 하나님의 통치는 기차의 레일과 같습니다. 그 위에 있을 때, 하나님의 말씀을 따라 살 때 우리는 자유로워집니다. 하나님을 떠나면 자유를 경험할 수 없습니다.

둘째 아들은 아버지를 떠나면 자유로울 것이라고 생각했습니다. 그런데 그렇지 않았습니다. 하나님을 떠나 독립된 삶을 꿈꾸는 것은 헛된 일입니다. 아버지의 집을 떠난 순간부터 그의 삶이 혼란에 빠졌습니다. 하나님을 반역한 인간은 모든 것이 망상입니다. 바쁘게 살지만, 무엇인가 공허합니다. 사람은 자기 마음대로 살 수 없습니다. 자기 마음대로 사는 순간 타락합니다. 이 세상에 내 것은 없습니다. 모든 것은 하나님으로부터 왔습니다. 하나님으로부터 온 것을 내 것처럼 사용해서는 안 됩니다. 몸도 나의 것이 아닙니다. 하나님의 것입니다.

아버지 집을 떠난 자의 최후

사람은 스스로 존재 목적을 알 수 없습니다. 내가 누구인지, 어디로 가는지 알지 못한 채 살아갑니다. 그런데 '내가 무슨 일을 하는가'보다 중요한 것은 '내가 누구인가'입니다. 정체성이 분명해야 합니다. 그리고 우리는 자신에게 '내가 어떤 사람이 되어 가는가'를 계속 질문해야 합니다. 그렇지 않으면, 삶이 방황합니다.

둘째 아들이 꿈꾼 나라는 아득했습니다. 그래서 먼 나라라고 했습니다. 손에 닿을 듯 닿지 않았습니다. 둘째 아들이 꿈꾼 나라는 존재하지 않는 나라이기 때문입니다. 이렇게 사람은 헛된 것을 꿈꾸며 삽니다. 그리고 그 꿈은 좌절됩니다. 거짓된 꿈은 좌절되어야 합니다. 환상은 깨어져야 합니다. 사람의 힘으로는 천국을 만들 수 없습니다. 좋은 지도자가 세워지면 나라가 좋아질까요? 제도가 바뀌면 나라가 달라질까요? 조금 더 참고 기다리면 우리가 바라는 세상이 될까요? 아무리 아름다운 곳에 살아도 그곳에 하나님이 계시지 않으면, 사람들은 그곳에서 허무를 느낍니다. 더 좋은 것을 원해서 그것을 손에 넣어도 사람들은 절망합니다.

사람들은 좀 더 나은 삶을 살기 위해 열심히 돈을 법니다. 자신이 원하는 것을 손에 넣기 위해 때로는 투쟁도 합니다. 더 좋은 곳에 살려고 하고, 더 아름다워지려고 합니다. 그렇게 해서 자신이 원하는 곳에 이르러도, 더 나은 것을 갈망합니다. 우리나라도 이제 선진국이 되었습니다. 한국전쟁을 경험한 세대에게 지금 우리나라의 모습은 꿈과 같을 것입니다. 우리 안에는 오랫동안 열등감이 있었습니다. 그래서 우리는 지금도 우리나라가 선진국인 것을 믿지 못합니다. 어쩌면 둘째 아들이 꿈꾸었던 먼 나라에 살고 있는지도 모릅니다. 세상은 편리해졌습니다. 좋은 것이 많습니다. 우리는 이전에 상상하지 못한 일을 경험하고 있습니다. 그런데 과연 우리는 만족하고 있습니까? 세상은 좋아졌지만, 힘들어하는 사람은 여전히 많습니다. 모든 세대가 힘들어합니다.

둘째 아들이 꿈꾼 먼 나라는 어떤 나라일까요? 어떤 나라가 좋은 나라입니까? 우리는 좋은 나라에 이를 수 있을까요? 사람들이 말하는 좋은 나라의 조건이 다 갖추어지면 좋은 나라가 될까요? 좋은 나라에 이른다 한들 우리가 만족할 수 있을까요? 세상에서 말하는 조건이 채워져도, 사람은 여전히 불행합니다. 돈이나 성공, 자기 성취에 의해 행복해지는 것이 아닙니다. 죄는 사람을 불행하게 합니다. 사람은 죄 때문에 하나님 아버지와 관계가 깨지고 멀어졌습니다. 죄를 범한 사람은 자신이 하나님이 되려고 합니다. 하나님 없이도 살 수 있다고 생각합니다. 하나님께 끊임없이 반항합니다. 죄를 범하면 불순종의 영이 사람을 지배합니다. 죄를 범한 사람은 하나님을 왕으로 인정하지 않습니다. 하나님을 삶의 주인으로 모시지 않습니다. 사람은 근본적으로 하나님을 받아들이려고 하지 않습니다. 하나님으로부터 독립하려고 합니다. 이것이 죄입니다.

혹시 우리도 먼 나라를 꿈꾸지 않습니까? 하나님의 눈치를 보지 않고 자기 마음대로 살려는 마음이 우리 안에 있지 않습니까? 교회 다니면서도 하나님과 거리를 두지 않습니까?

신자의 삶은 하나님과의 관계에 따라 달라집니다. 하나님 아버지로부터 멀어지면, 삶은 사막과 같이 됩니다. 그러나 하나님과 가까워지면, 삶에 꽃이 핍니다. 아버지의 집을 떠났지만 다시 돌아온다면, 그것은 복입니다. 그런데 그런 일은 쉽지 않습니다. 아버지의 집을 떠나서 간 나라에서 쉽게 놓아주지 않기 때문입니다. 아버지의 집을 떠나 먼 나라에 가서 자신을 잃으면 집으로 돌아오기 어렵습니다.

집을 떠난 사람은 쉽게 돌아오지 않습니다. 집 밖의 세계에 마음을 빼앗겼기 때문입니다. 거지처럼 살아도 적응하면 그대로 살아갑니다. 자기 자신을 스스로 욕하며 삽니다. 자신을 스스로 속이며 삽니다. 그런 삶에서 벗어나고 싶어 하지만, 쉽지 않습니다. 세상 속에서 정신없이 살다 보면, 세상 사람으로부터 칭찬을 받으려고 하고, 인정받으려고 합니다. 그렇게 살다 보면, 자신의 존재를 잊습니다.

아버지의 집을 떠난 사람의 삶은 정상이 아닙니다. 스트레스 지수가 매우 높습니다. 피곤해도 쉬지 못합니다. 자신의 영혼을 돌볼 겨를이 없습니다. 내면은 점점 더 파괴됩니다. 삶도 망가집니다. 아버지의 집을 떠나는 순간, 모든 것을 잃어버립니다. 아버지의 집 바깥에서는 아무것도 얻을 수 없습니다. 사람이 꿈꾸는 세상은 신기루와 같습니다. 하나님을 떠난 사람은 헐벗습니다. 하나님을 떠나는 순간 모든 것을 잃습니다.

아브라함의 조카 롯은 둘째 아들처럼 먼 나라를 동경했습니다. 아브라함은 하나님의 말씀을 따라갔지만, 롯은 욕망을 따라갔습니다. 물이 넉넉하고 기름진 땅을 선택하여 갔습니다. 롯이 선택한 땅, 물이 넉넉한 곳이 바로 소돔과 고모라입니다. 그는 자신이 올바르게 선택했다고 생각했습니다. 그런데 어느 날, 하나님은 롯에게 두 천사를 보내셔서 그곳을 떠나라고 말씀하셨습니다. 그러나 롯은 그곳을 쉽게 떠날 수 없어 지체했습니다. 발을 깊이 들여놓은 사람은 쉽게 떠나지 못합니다. 현재의 삶이 싫지만, 다른 것을 선택하기 어렵습니다.

신앙생활을 하면서도 세상에 미련이 있는 사람은 먼 나라를 계속 바라봅니다. 사실 먼 나라는 구원으로부터 멀어진 삶입니다. 지금 아버지께 다가가고 있습니까? 아버지에게서 멀리 떨어져 있지는 않습니까? 탕자의 비유에 등장하는 맏아들처럼 아버지의 집에 있었지만, 마음은 아버지에게서 멀리 떨어져 있지는 않습니까? 둘째 아들처럼 먼 나라를 꿈꾸지는 않습니까? 자신의 모습을 돌아보십시오. 아버지로부터 멀리 떨어져 있다면, 지금 돌아가야 합니다. 아버지와의 관계를 회복해야 합니다.

5장.

열심히 살아도 공허합니다

"… 거기서 허랑방탕하여 그 재산을 낭비하더니" 눅 15:13b

아버지의 집을 떠난 둘째 아들은 먼 나라에 도착했습니다. 간섭하는 사람도 없고, 통제하는 사람도 없습니다. 아버지의 집은 둘째 아들의 눈에 작아 보였습니다. 그에 비해 먼 나라는 크고 화려해 보였습니다. 그는 자신이 꿈꾸었던 것을 먼 나라에서 이룰 수 있을 것이라 생각했을 것입니다.

둘째 아들은 아버지의 집에서 가지고 온 자신의 분깃을 쓰기 시작했습니다. 그러면서 자신에게 자유가 주어졌다는 것을 확인했습니다. 자유를 만끽했습니다. 본문에 '허랑방탕하였다'라는 것은 절제력 없이 무분별하게, 마구 사용하는 것을 의미합니다. 그리고 낭비하는 것은 흩어 버리는 것을 의미합니다. 땅에 씨를 흩어 뿌리는 것과 같습니다. 이렇게 둘째 아들은 재산을 낭비하며 자유를 누렸습니다. 먼 나라가 둘째 아들에게는 천국과 같았습니다. 그러나 그 즐거움은 오래가지 않았을 것입니다. 둘째 아들은 곧 공허함을 느꼈을 것입니다. 그리고 그 공허함을 해결하기 위해 더 돈을 쓰며 즐거움을 찾으려고 혈안이 되었을 것입니다.

오래가지 않는 돈의 위력

사람들은 돈의 위력을 압니다. 돈을 가진 사람은 무엇이든 원하는 대로 선택할 수 있습니다. 그래서 돈을 가진 사람은 우월감을 느낍니다. 자신이 하나님이 된 듯합니다. 왕이 된 듯합니다. 자신도 모르게 교만해집니다. 돈은 사람들에게 하나의 종교와 같습니다. 현금이 미소 짓게 하는 듯합니다. 자본주의 세상에서 돈은 지존입니다. 돈으로 물건만 구입하는 것이 아닙니다. 사람도 사고, 쾌락도 사고, 기쁨도 살 수 있습니다. 돈으로 모든 것을 할 수 있고, 살 수 있는 세상입니다. 마치 돈이 세상을 움직이는 것 같습니다. 그러다 보니 돈이 사람 위에서 군림합니다. 그 속에서는 돈 많은 사람이 왕입니다.

둘째 아들 역시 돈의 위력을 알았습니다. 둘째 아들은 아버지와의 관계보다 돈을 중요하게 생각했습니다. 그래서 그는 재물을 모아 먼 나라에 갔습니다. 그곳에서 허랑방탕하게 살며 재산을 낭비했습니다. 먼 나라에서 아는 사람이 없으니 사람들과 친해지기 위해 돈을 썼을 것입니다. 돈이 있으면 사람들이 몰립니다. 돈을 가진 사람이 주인공이 됩니다. 사람들은 돈을 가진 사람에게 박수를 보냅니다. 이것이 돈의 위력입니다.

그런데 돈으로 향유하는 자유는 오래가지 않습니다. 돈은 영원하지 않기 때문입니다. 그리고 돈이 없어지면, 모든 것이 사라집니다. 둘째 아들이 탕자가 되는 데에도 그리 오랜 시간이 걸리지 않았습니다.

사람이 거룩해지려면 시간이 많이 필요합니다. 큐티하고 제자훈련을 받아도, 사람은 변하지 않습니다. 좋은 사람의 곁에 있어도, 달라지지 않습니다. 그런데 속물이 되는 데는 시간이 오래 걸리지 않습니다. 사람이 타락하기 시작하면, 쉽게 무너집니다. 사람에게는 타락의 속성이 있기 때문입니다. 사람의 내면에는 죄성이 있습니다. 나쁜 짓은 쉽게 배웁니다. 죄를 쉽게 짓습니다. 죄지을 준비가 되어 있는 듯합니다. 죄인이기 때문입니다.

사실 둘째 아들이 탕진한 재산은 아버지로부터 온 것이었습니다. 그는 그동안 아버지 집에서 많은 것을 누렸지만, 그것들이 다 아버지의 것이라는 사실을 깨닫지 못했습니다. 아버지의 집에서 경험하는 것 중에서 아버지로부터 오지 않은 것이 없습니다. 우리가 경험하는 것은 모두 하나님으로부터 온 것입니다. 사람이 뭔가를 개발했다고 자랑할 수 있습니까? 사람이 개발한 것이라 해도, 무에서 유를 창조한 것이 아닙니다. 유에서 유를 만든 것입니다. 모든 소재의 원천은 하나님이십니다. 사람은 발명할 수는 있어도 창조하지는 못합니다. 그것을 개발한 지혜조차 하나님이 주신 것입니다. 사람의 능력으로 된 것이 아닙니다. 하나님이 사람에게 능력과 재능을 주셨기 때문에 만들어진 것입니다. 모든 것은 하나님으로부터 비롯되었습니다.

그런데 사람은 하나님으로부터 비롯된 것을 잘못 사용합니다. 자신이 주인인 줄 알고 자기 마음대로 사용합니다. 이것이 타락입니다. 하나님으로부터 비롯된 것은 하나님의 뜻대로 사용해야 합니다. 잘못된 방식으로 사용하면 지루해집니다. 사람은 지루한 것을 견디지 못합니다. 지루해지면 끝내야 할 텐데, 사람들은 지루해하면서도 끝내지 못합니다. 그래서 자신을 만족하게 할 만한 것을 계속 찾습니다. 그러다가 한계에 이릅니다. 더 이상 만족할 수 없게 됩니다. 그때부터 타락하기 시작합니다. 이렇게 돈으로 세운 것은 모래성처럼 쉽게 무너집니다.

아버지의 재산 중에 자신의 분깃을 받았다면, 그것을 잘 관리해야 합니다. 그런데 둘째 아들은 곧바로 집을 떠났습니다. 아버지로부터 받은 것을 자기 소유라고 생각했습니다. 그래서 그것을 가지고 먼 나라에 가 허랑방탕하게 살며 재산을 낭비했습니다. 이처럼 자신의 눈물과 땀이 묻지 않은 돈은 낭비할 수 있습니다. 둘째 아들이 가진 재산에는 그의 땀이 묻어 있지 않았습니다. 그 돈은 둘째 아들이 가지고 있지만, 그의 것이 아니었습니다. 둘째 아들은 그 재산의 가치를 알지 못했습니다. 돈의 귀중함을 알지 못했습니다.

돈을 의미 있게 사용하려면

지금 둘째 아들의 주위에는 그를 제어해 줄 사람이 없습니다. 아버지 집을 떠났기 때문에 그의 주변에는 아버지가 없습니다. 아버지 집을 떠난 사람은 내면이 공허합니다. 밥을 먹어도 허전합니다. 그래서 채우려고 합니다. 충동적으로 행동합니다. 충동적으로 행동하는 사람은 자신이 가진 것을 낭비할 가능성이 높습니다. 세상은 사람을 충동합니다. 돈을 쓰도록 유혹합니다. 세상이 사람을 충동하면, 사람은 계산하는 능력을 상실합니다. 판단력이 떨어집니다. 돈을 물 쓰듯 씁니다.

둘째 아들이 도착한 먼 나라는 환상적인 곳이었습니다. 사람을 몽롱하게 만들었습니다. 모든 것이 신기합니다. 그 속에서 둘째 아들은 판단력이 흐려졌습니다. 충동적 행동에 허세가 더해지면, 통제할 수 없는 상태가 됩니다. 재산을 탕진하는 데 오래 걸리지 않습니다. 한순간에 바닥날 수 있습니다. 맏아들은 둘째 아들을 가리켜 "아버지의 살림을 창녀들과 함께 삼켜 버린 이 아들"(눅 15:30)이라고 했습니다. 맏아들은 아버지의 집을 떠난 동생이 어떻게 살았는지 몰랐을 것입니다. 물증이 없습니다. 그러나 아버지의 집을 떠나기 전에 동생의 행적을 보면, 짐작할 수는 있습니다.

현대는 물질적으로 풍요한 시대입니다. 그러나 사람의 내면은 피폐해졌습니다. 정신적으로 황폐한 시대를 살고 있습니다. 그 속에서 사람들은 신음합니다. 무엇인가 있는 것 같은데, 아무것도 없습니다. 우리는 이 공허한 세상에서 하나님을 마음에 모시고 살아야 합니다. 그래야 돈을 의미 있게 사용할 수 있습니다. 하나님이 함께하시는 사람에게는 물질이 복이 됩니다. 하나님은 우리에게 복을 주셨습니다. 그런데 복을 받은 것으로 인해 신앙을 지키지 못한다면, 복은 점점 사라지기 시작합니다. 하나님을 떠난 사람은 이미 복과 멀어져 있습니다. 모든 것이 소진됩니다. 결핍을 경험할 수밖에 없습니다. 하나님 안에 있을 때, 복을 복으로 누릴 수 있습니다. 참된 복은 하나님이십니다. 하나님만이 우리에게 복이 되십니다. 하나님과 함께하는 것이 가장 복된 삶입니다. 복의 근원, 생명의 근원이신 하나님과 함께하는 삶보다 나은 삶은 없습니다.

둘째 아들은 물질을 어떻게 사용해야 하는지 알지 못했습니다. 돈은 버는 것보다 어떻게 사용하는가가 중요합니다. 돈을 사용하는 법을 배워야 합니다. 돈을 어떻게 써야 하는지 알지 못한 채 돈을 벌면, 복이 아니라 오히려 화가 될 수 있습니다. 물질이 가는 곳을 보면, 미래가 보입니다. 돈을 어디에 쓰는가를 보면, 어떤 사람인가를 알 수 있습니다. 헌금 생활 하는 것을 보면, 신앙 상태를 알 수 있습니다. 예수님은 "네 보물 있는 그 곳에는 네 마음도 있느니라"(마 6:21)라고 말씀하셨습니다. 또 "한 사람이 두 주인을 섬기지 못할 것이니 혹 이를 미워하고 저를 사랑하거나 혹 이를 중히 여기고 저를 경히 여김이라 너희가 하나님과 재물을 겸하여 섬기지 못하느니라"(마 6:24)라고도 말씀하셨습니다. 헌금생활을 보면, 그 사람이 하나님을 사랑하는가, 세상을 사랑하는가, 무엇을 좋아하는가, 우선순위를 어디에 두는가를 알 수 있습니다. 돈이 가는 대로 마음과 눈길, 발걸음이 움직입니다.

> 부하려 하는 자들은 시험과 올무와 여러 가지 어리석고 해로운 욕심에 떨어지나니 곧 사람으로 파멸과 멸망에 빠지게 하는 것이라 돈을 사랑함이 일만 악의 뿌리가 되나니 이것을 탐내는 자들은 미혹을 받아 믿음에서 떠나 많은 근심으로써 자기를 찔렀도다 딤전 6:9-10

돈은 사람의 정신을 잃게 만듭니다. 돈을 가지는 순간, 자신이 무슨 일을 하는지 전혀 알지 못합니다.

둘째 아들은 상당한 재산이 있었지만, 아버지의 집을 떠나는 순간부터 삶이 바닥을 향했습니다. 그는 허랑방탕하게 살 수밖에 없었습니다. 아버지의 집을 떠난 사람은 다른 것으로 아버지 집의 빈 자리를 채워야 합니다. 돈으로는 빈 자리를 채울 수 없습니다. 아버지의 집을 떠난 사람 앞에는 혹독한 미래가 기다리고 있습니다.

돈의 힘은 대단합니다. 돈에 대해 적극적인 태도를 가져야 합니다. 돈을 적극적으로 다루지 않으면, 돈의 공격을 받을 수밖에 없습니다. 돈을 낭비하지 않을 수 없습니다. 선한 곳에 돈을 사용하지 않으면, 악한 곳으로 흘러갑니다. 생명을 살리는 일에 돈을 사용해야 합니다. 하나님의 선한 사업에 돈을 사용해야 합니다.

> 무엇이든지 내 눈이 원하는 것을 내가 금하지 아니하며 무엇이든지 내 마음이 즐거워하는 것을 내가 막지 아니하였으니 이는 나의 모든 수고를 내 마음이 기뻐하였음이라 이것이 나의 모든 수고로 말미암아 얻은 몫이로다
>
> 전 2:10

우리에게 주어진 것은 모두 하나님께 소유권이 있습니다. 하나님이 주인이십니다. 우리는 청지기에 불과합니다. 우리는 주어진 물질을 하나님의 뜻에 합당하게 사용해야 합니다. 청지기의 자세로 가진 돈의 가치를 높이는 것입니다.

우리는 생명을 살리는 일에 적극적으로 참여해야 합니다. 교회에서 하는 일에 동참하는 것은 물론이요, 선한 일을 통해 물질을 흘려보내야 합니다. 일상이 되어야 합니다. 그것이 사는 길입니다. 우리는 주어진 물질을 하나님의 뜻에 맞게

사용해야 합니다. 나누고 베풀어야 합니다.

소비하기 위해 삶을 빼앗기지는 않았나

돈은 잃었다가도 다시 벌 수 있습니다. 그러나 시간은 복구할 수 없습니다. 둘째 아들이 낭비한 것은 시간이고, 삶입니다. 시간은 생명과 같습니다. 그가 아버지의 집을 떠나 허랑방탕하게 사는 동안 시간은 속절없이 흘러갔습니다.

> 술 취하지 말라 이는 방탕한 것이니 오직 성령으로 충만함을 받으라 엡 5:18

술에 취하는 것은 방탕한 것입니다. 방탕하게 살면, 시간이 속절없이 날아가 버립니다. 인생을 놓쳐 버립니다. 둘째 아들은 아버지의 집을 떠나 먼 나라에 가서 허랑방탕하게 살며 자신의 삶을 낭비했습니다. 그는 인생의 목적과 방향을 잃었습니다. 인생의 목적과 방향을 잃은 채 살면, 쓸데없는 것에 시간과 삶을 허비합니다. 의미 없는 일에 시간을 소모합니다. 소비적으로 살게 됩니다.

사람들은 열심히 일합니다. 열심히 일한 대가로 무엇인가를 구입하고 소비합니다. 더 좋은 것을 구입하려면, 더 열심히 일해야 합니다. 사람들은 소비하기 위해 자신의 삶을 소비합니다. 둘째 아들은 돈과 함께 시간과 친구를 잃었습니다. 아버지와 자신도 잃었습니다. 둘째 아들처럼 아버지의 집을 떠나 먼 나라에서 살면, 돈만 잃는 것이 아니라 모든 것을 잃습니다. 아버지를 떠난 사람에게는 아무것도 남지 않습니다. 반역의 결과입니다.

한 번 사는 인생입니다. 지금 어디에 있습니까? 어디로 가고 있습니까? 무엇을 주목하고 있습니까? 우리는 인생을 소진할 수도 있고, 가치 있는 일에 헌신할 수도 있습니다. 우리는 지금 우리의 삶이 어디에 있는지, 주어진 기회를 어떻게 사용하고 있는지 삶을 점검해야 합니다.

하나님은 우리의 주인이십니다. 우리의 모든 것을 다스리십니다. 우리는 주어진 물질을 아름답고 복된 일에, 하나님의 뜻에 합당하게 사용해야 합니다. 그렇게 할 때, 하나님은 놀라운 것을 우리에게 부어 주십니다.

6장.

인간은 실패를 예측할 수 없습니다

"다 없앤 후 그 나라에 크게 흉년이 들어 그가 비로소 궁핍한 지라" 눅 15:14

둘째 아들은 허랑방탕하게 살면서 재산을 다 없앴습니다. 남은 것이 없었습니다. 둘째 아들은 아버지의 집을 떠난 이후부터 돈을 낭비한 것은 물론이요, 인생을 낭비하며 살았습니다. 아버지의 집을 떠난 이후, 둘째 아들은 에너지가 빠져나가는 삶을 살았습니다. 지금 그의 삶이 어디로 향하고 있습니까?

복병 투성이 인생

돈 벌기가 쉽지 않습니다. 그러나 돈 쓰기는 쉽습니다. 둘째 아들은 먼 나라에서 돈을 마음대로 썼습니다. 그러나 그는 그곳에서 돈이 있는 동안만 편하게 살 수 있었습니다. 하나님이 없는 세상에서는 돈이 없으면 제대로 살 수 없습니다. 세상에서는 돈을 마음껏 쓰게 되어 있습니다. 그래서 돈을 아무리 많이 벌어도, 부족하게 느껴집니다. 둘째 아들의 재산이 다 없어지는 데는 오래 걸리지 않았을 것입니다. 재산이 다 없어진 후, 둘째 아들의 모습이 어떠했을까요?

아버지를 거스르며 사는 사람은 도덕성이 낮습니다. 도덕성이 낮은 사람은 돈을 낭비할 가능성이 많습니다. 낭비하며 살면 결핍을 경험하게 되어 있습니다. 둘째 아들에게 위기는 점진적으로 다가왔습니다. 둘째 아들은 먹고사는 것이 어려워졌습니다. 생존의 위기를 느꼈습니다. 먹고사는 것이 어려워진 것은 삶이 바닥으로 떨어졌다는 의미입니다. 둘째 아들이 아버지의 집에 있을 때에는 생존을 걱정할 필요가 없었습니다. 아버지의 집에서는 품꾼도 먹을 것이 풍족했습니다.

그런데 더 심각한 일이 일어났습니다. "그 나라에 크게 흉년이" 들었습니다. 불운은 연속해서 일어나곤 합니다. 화불단행(禍不單行)이라고도 합니다. 지금 둘째 아들의 삶이 갑자기 뒤틀렸습니다. 아버지의 집을 떠난 순간 흉년이 시작되었습니다. 사실 먼 나라에 크게 흉년이 든 것과 둘째 아들이 집을 나온 일에 연관이 있습니까? 언뜻 생각해 보면 아무 연관이 없어 보입니다. 그런데 자세히 들여다보면 연관이 있습니다. 둘째 아들이 아버지의 집을 떠나서 간 먼 나라는 아버지의 집이 아닙니다. 둘째 아들은 아버지의 집에서 경험하지 못한 것을 먼 나라에서 경험하게 되었습니다.

지금 둘째 아들이 만난 먼 나라의 흉년은 그의 선택이었습니다. 이제 그는 자신이 한 선택의 영향을 받게 되었습니다. 둘째 아들에게는 불행한 일입니다. 돈을 빌릴 수도 없고, 얻어먹을 수도 없게 되었습니다. 도움을 받을 수도 없습니다. 큰 흉년은 나라 전체의 문제입니다. 나라의 형편이 어려워지면. 가장 크게 피해를 경험하는 사람은 약자입니다. 나라가 어려워지고 민심이 흉흉해지면, 나그네에게 관대하지 않습니다. 외국인들은 눈치를 보며 살게 됩니다.

둘째 아들이 아버지로부터 자신의 분깃을 받아 그 집을 떠날 때는 꿈에 부풀었을 것입니다. 먼 나라에 흉년이 들 것을 예상했겠습니까? 우리 인생이 계획대로, 예측하는 대로 된다면 얼마나 좋겠습니까? 삶은 우리가 예측하는 대로 되지 않습니다. 복병이 나타납니다. 변수가 발생합니다. 생각하지 못한 일이 일어납니다. 의외의 사건을 경험합니다. 아무리 철저히 계획하고 준비해도 소용없습니다.

행복한 삶을 꿈꾸며 결혼하지만, 생각하지 못한 일로 결혼 생활이 위기를 맞습니다. 전도유망한 젊은이가 출세의 가도를 달리다가 어느 날 갑자기 우울증을 경험합니다. 사업가로 고속 성장했는데 암 진단을 받습니다. 이렇게 예상하지 못한 일 때문에 모든 것이 사라집니다. 꿈에도 생각하지 못한 일입니다. 가던 길을 멈추어야 합니다. 이것이 변수입니다. 이렇게 변수가 발생하면, 오랫동안 소망했던 것이 한순간에 물거품이 됩니다.

완벽하게 계획했습니다. 모든 것을 준비했습니다. 최상의 조건을 갖추었습니다. 본격적으로 시작하려고 했습니다. 그런데 코로나19 팬데믹이 시작되었습니다. 아무것도 할 수 없게 되었습니다. 준비했던 것이 모두 엉망이 되어 버렸습니다. 변수는 갑자기 발생합니다. 예측할 수 없습니다. 삶에 변수가 발생하면, 모든 것이 멈춥니다. 이런 일은 누구에게나 발생할 수 있습니다.

사람들은 미래를 궁금해합니다. 미래에 대해 알 수 없기에 불안해합니다. 연말이나 연초가 되면, 역술인들이 바쁩니다. 하지만 우리는 삶에 무슨 일이 일어날지 예상할 수 없습니다.

사람은 한 치 앞을 알지 못합니다. 한 시간 후에 무슨 일이 일어날지 알 수 없습니다. 이것이 우리의 한계입니다. 미래를 예측하고 전망하는 미래학자들이 있습니다. 다양한 자료와 통계를 분석하여 미래를 예측합니다. 다가올 미래가 아닌 예측일 뿐입니다. 미래학자 앨빈 토플러(Alvin Toffler)는 자신의 저서를 통해 미래를 예견했습니다. 그가 예견한 것 중 빗나간 것이 많았습니다. 사람의 한계입니다.

천재지변이 발생하면, 사람은 속수무책입니다. 사람들은 재난이 일어날 것을 전혀 알 수 없습니다. 물론 예측, 예견, 전망할 수는 있습니다. 하지만 하나님은 사람에게 미래를 알지 못하게 하셨습니다. 알지 못하기에 하나님의 인도를 구하며 겸손해야 합니다. 우리는 교만할 수 없습니다.

인생의 흉년을 만났을 때

둘째 아들이 미래를 위해 먼 나라에서 무엇인가 준비했다는 말이 없습니다. 아버지의 집을 떠나 먼 나라에 간 둘째 아들은 그 나라에 큰 흉년이 들자 충격에 빠졌습니다. 그는 먼 나라에서 멋지게 살고 싶었을 것입니다. 그런데 인생은 생각하는 대로 되지 않습니다. 둘째 아들은 미래를 위해 아무것도 준비하지 않은 채, 재산을 다 잃은 채 흉년을 겪어야 했습니다. 충격을 완화할 만한 것이 전혀 없었습니다.

둘째 아들은 아버지의 집을 떠나면 자기 마음대로 살 수 있을 것이라 생각했을 것입니다. 그러나 그것은 착각입니다. 세상은 우리가 원하는 대로 되지 않습니다. 살다 보면 내 뜻대로 되는 것보다 되지 않는 것이 많다는 것을 깨닫습니다. 자신의 생각을 버리지 않으면, 고생할 수밖에 없습니다.

세상에는 두 부류의 사람이 있습니다. 모든 것은 우연이라고 생각하고 적당히 사는 사람과 모든 것을 하나님의 섭리에 맡기는 사람입니다. 모든 것을 우연이라고 생각하는 사람은 되는 대로 삽니다. 앞길은 알 수 없고, 계획해도 변수가 생기면 모든 것이 뒤틀리니 적당히 눈치껏 살려고 합니다. 그러나 변수는 그냥 일어나는 것이 아닙니다. 변수가 일어나는 것도 하나님의 개입입니다. 하나님의 개입을 믿어야 합니다.

우리가 가는 길은 언제든지 바뀔 수 있습니다. 우리가 생각하는 대로 되지 않아야 새로운 길이 열립니다. 욕심을 버려야 합니다. 힘을 빼고 살아야 합니다. 힘을 주고 살면 삶이 힘듭니다. 힘을 빼고 하나님이 이끄시는 대로 살아야 합니다. 하나님께 모든 것을 맡겨야 합니다. 우리는 한 치 앞을 알 수 없습니다. 우리는 매 순간 하나님의 인도를 받아야 합니다. 하나님께 모든 것을 맡겨야 합니다. 하나님과 동행해야 합니다.

삶에 문제가 발생하면, 사람들은 누군가를 원망하려고 합니다. 탓하려고 합니다. 이것이 일반적인 현상입니다. 자신의 형편을 인정하고 싶지 않기 때문입니다. 둘째 아들도 그러했을 것입니다. 먼 나라에 흉년이 들었을 때, 둘째 아들은 집을 떠나는 자신을 막지 않은 아버지를 원망했을 것입니다. 우리도 그렇지 않습니까? 삶에 문제가 생기면, 부모를 원망합니다. 때로는 하나님을 원망하기도 합니다. 일종의 책임전가입니다. 사람들은 책임을 전가하여 자신을 정당화하려고 합니다. 자신의 잘못을 인정하지 않으려고 합니다. 그러나 이것은 정직한 태도가 아닙니다. 현실을 정확하게 이해하지 못하기 때문에 다른 사람을 탓하는 것입니다. 책임을 전가해도 문제로부터 벗어날 수 없습니다. 원망하고 불평하는 것도 마찬가지입니다. 현실을 이해하지 못하기 때문에 원망하고 불평합니다. 원망하고 불평하는 사람은 문제로부터 벗어날 수 없습니다.

책임을 전가하는 사람은 피해의식에 사로잡힙니다. 문제의 원인을 자신에게서 찾지 못하기 때문에 책임을 전가하는 것입니다. 죄를 지은 사람의 모습이 이와 같습니다. 아담이 그러했습니다. 아담과 하와가 선악을 알게 하는 나무의 열매를 먹은 후, 하나님이 아담에게 "내가 네게 먹지 말라 명한 그 나무 열매를 네가 먹었느냐"(창 3:11)라고 물었을 때, 아담은 하나님께 "하나님이 주셔서 나와 함께 있게 하신 여자 그가 그 나무 열매를 내게 주므로 내가 먹었나이다"(창 3:12)라고 대답했습니다.

책임을 전가한다고 해도, 상황은 달라지지 않습니다. 오히려 더 어려워집니다. 문제의 원인을 정확하게 찾아야 합니다. 문제의 원인이 무엇인지 생각해야 합니다. 어려운 상황보다 중요한 것은 문제가 생긴 원인입니다. 원인은 쉽게 알 수 없습니다. 근원적인 질문을 스스로 해야 합니다. 왜 자신이 고통하며 사는지, 문제가 어디에서부터 시작되었는지 스스로 질문해야 합니다.

둘째 아들이 먼 나라의 흉년을 만난 타이밍이 절묘합니다. 허랑방탕하게 살며 재산을 다 없앴을 때입니다. 지금 그는 벼랑 끝에 섰습니다. 돌파구가 보이지 않습니다. 도망갈 퇴로가 전혀 없습니다. 궁지에 몰렸습니다. 그렇다고 아버지의 집으로 돌아갈 수 있습니까? 상상할 수 없는 일입니다. 먼 나라에 계속 살 수도 없습니다. 굶어 죽을 것 같습니다. 궁핍한 사람은 자유가 없습니다. 먹고 싶은 대로 먹을 수 없고, 즐기고 싶은 대로 즐길 수 없습니다. 둘째 아들은 아버지의 집을 떠나 먼 나라에서 풍요하고 자유롭게 사는 것을 꿈꾸었지만, 지금은 풍요롭지도, 자유롭지도 않습니다.

사실 둘째 아들의 몰락은 아버지의 집을 떠난 순간부터 예견된 일입니다. 하나님을 떠난 사람은 궁핍과 결핍을 경험합니다. 하나님을 떠나는 순간 추락하는 길을 갑니다. 그 속도를 느끼지 못할 수는 있습니다. 그러나 막다른 길, 앞이 보이지 않고 갈 곳을 잃는 순간은 반드시 찾아옵니다. 이때 사람들은 극단적인 선택을 합니다.

자원이 부족하면 죽습니다. 그러나 하나님께는 모든 자원이 풍성합니다. 자원이 무궁합니다. 하나님께는 부족한 것이 전혀 없습니다. 그래서 하나님의 사람은 막다른 길 앞에서 다른 선택을 합니다. 하나님의 사람에게는 새로운 길이 열립니다. 벼랑 끝에 섰을 때, 하나님의 사람은 날아오릅니다. 하나님은 광야에 길을, 사막에 강을 내시는 분이라는 사실을 알기 때문입니다.

> 보라 내가 새 일을 행하리니 이제 나타낼 것이라 너희가 그것을 알지 못하겠느냐 반드시 내가 광야에 길을 사막에 강을 내리니 사 43:19

밑바닥에서 발견하는 소망

사람은 고집이 셉니다. 자존심이 강합니다. 웬만해서는 항복하지 않습니다. 자존심을 버리지 않습니다. 자존심은 죄에서 비롯된 병적 자기애입니다. 죄를 해결하지 않으면, 사람은 병든 자존심에 시달리며 살게 됩니다. 하나님 앞에서도 자존심을 내세웁니다. 웬만해서는 하나님께 항복하지 않습니다.

교회에 나오지만, 교회 안으로 깊이 들어오지 않습니다. 허영과 위선을 버리지 못합니다. 그것들로 자신의 수치를 가리려고 합니다. 그러나 하나님은 거짓된 옷을 벗기십니다. 어설프게 자신을 가리려고 해서는 안 됩니다. 열심으로, 직분으로는 자신을 가릴 수 없습니다.

우리는 십자가 앞에 서야 합니다. 그때 하나님은 우리의 자존심을 무너뜨리십니다. 우리가 죄인인 것을 깨닫게 하십니다. 우리는 십자가 앞에서 수치를 느껴야 합니다. 십자가 앞에서 우리는 붙들 것이 하나도 없습니다. 도망갈 곳도 없습니다. 하나님께 항복할 수밖에 없습니다. 하나님께 항복할 때, 하나님은 우리에게 손을 내미십니다. 우리에게 그리스도의 옷을 입혀 주십니다.

둘째 아들은 기어코 아버지에게 저항했습니다. 강하게 반역했습니다. 죄 안에 있던 우리의 모습입니다. 하나님께 저항했던 우리가 지금 예수님을 믿고 있습니다. 놀라운 일입니다. 언제 자신의 모습을 돌아봅니까? 평소에는 자신의 모습을 돌아보지 않습니다. 절망적인 순간에야 돌아봅니다. 절망을 처절하게 경험해야 합니다. 젊은 때에 절망을 경험해야 합니다. 많은 것을 잃은 후 늦게 절망하면 하나님께로 돌아오는 길이 험난합니다.

자신이 원하는 대로 되지 않아 절망적인 때에 사람은 진지해집니다. 어떤 사람은 절망의 끝에서 살고 싶지 않다며 스스로 삶을 포기합니다. 자신을 포기합니다. 자신에 대한 희망을 포기하는 것, 자신을 거부하는 것은 매우 무서운 것입니다. 둘째 아들이 절망의 순간에 자신을 스스로 거부했다면, 생명을 포기했다면 모든 것이 끝납니다. 하나님을 떠난 사람의 결말입니다. 오늘날도 이런 일은 계속 일어나고 있습니다. 그러나 철저히 절망한 사람은 절망의 끝에서 소망을 발견합니다.

다 없애고 흉년이 들고 궁핍해졌을 때, 이때가 하나님이 부르시는 때입니다. 만약 우리가 하는 일이 다 잘되었다면, 우리가 하나님 앞에 나왔을까요? 우리가 교회에 다닐까요? 고개를 들고 교만하게 살았을 것입니다. 둘째 아들이 아버지의 집을 떠나 사업하여 성공하고 모든 것이 잘되었다면, 아버지의 집으로 돌아갔을까요?

우리가 보기에는 고난으로 보이지만, 그 속에는 하나님의 섭리가 있습니다. 우리가 전혀 생각하지 못한 일을 겪게 하시는 하나님은 예상하지 못한 변수를 통해 우리를 멈추어 세우십니다. 우리 앞에 새로운 길을 열어 주십니다. 그 일을 통해 다른 세계가 열립니다. 절망의 끝에서 비치는 빛이 있습니다. 우리 삶에 일어나는 일들을 자세히 살펴보면, 하나님은 그 일들을 통해 우리를 부르십니다.

예측할 수 없는 세상에서 살고 있습니다. 내일 무슨 일이 일어날지 우리는 알 수 없습니다. 하나님은 우리가 가던 길에서 돌이켜 하나님 앞으로 돌아오길 원하십니다. 매 순간 하나님 앞에서 겸손해야 합니다. 하나님은 우리를 향한 계획을 가지고 계십니다. 우리의 삶에 하나님으로부터 벗어난 것은 없는지 살펴보아야 합니다. 하나님 앞에 정직할 때 우리가 살아납니다.

7장.

아버지 집을 떠나는 순간 추락합니다

"가서 그 나라 백성 중 한 사람에게 붙여 사니 그가 그를 들로 보내어 돼지를 치게 하였는데 그가 돼지 먹는 쥐엄 열매로 배를 채우고자 하되 주는 자가 없는지라" 눅 15:15-16

우리는 TV를 통해 세계 여러 나라의 멋진 풍경을 봅니다. 빨간 지붕, 작은 가게들과 카페들이 줄지어 있는 유럽의 고즈넉한 골목길은 그저 아름답게 보입니다. 그런데 막상 그곳에 가 보면, TV로 보던 것과 다릅니다. 우리는 살면서 현실과 이상이 다른 것을 경험합니다. 멀리서 보는 것과 가까이에서 보는 것은 큰 차이가 있습니다.

아버지의 집을 떠나 먼 나라에 도착한 둘째 아들은 자신의 욕망을 제어할 수 없었습니다. 자신이 욕망하는 대로 살았습니다. 먼 나라는 둘째 아들이 자신이 욕망하는 대로 살 수 있는 나라였지만, 결국 오래지 않아 재산을 다 낭비해 버렸습니다.

자유를 찾아 떠났지만

먼 나라는 둘째 아들의 인생을 통째로 삼켜 버렸습니다. 둘째 아들의 삶은 그가 아버지의 집을 떠난 순간부터 내리막길을 향했습니다. 아버지의 집을 떠나는 순간, 둘째 아들은 모든 것을 스스로 책임져야 했습니다.

사람이 하나님의 자리에 앉으면, 무슨 일이 일어날까요? 자기 삶을 스스로 책임지려고 합니다. 자신의 위치를 올바르게 알지 못한 사람의 모습이 이렇습니다. 사람은 사람입니다. 사람은 하나님이 될 수 없습니다. 사람은 자신의 삶을 스스로 책임질 수 없습니다. 하나님과 사람의 위치를 정확하게 알지 못한 결과는 매우 혹독합니다.

기업의 최고 경영자에게는 권한이 주어집니다. 한 기업을 책임져야 하기 때문입니다. 책임 없이 권한만 주어지는 경우는 없습니다. 지위가 높을수록 그에 따라 주어지는 책임이 큽니다. 권한만 누리고 책임지지 않으려고 하면, 권한은 사라집니다. 책임진다는 것은 굉장히 어렵습니다. 말단 사원은 하는 일이 많습니다. 몸을 많이 움직여야 합니다. 말단 사원은 자신에게 주어진 일만 열심히 하면 됩니다. 하지만 책임이 없기에 집에 가면 자유로워 집니다. 그러나 사장은 집에 있든 회사에 있든 일의 무게를 동일하게 느낍니다. 24시간 자유롭지 못합니다.

하나님과 같이 되고 싶은 마음에 하나님이 금하신 나무의 열매를 따 먹은 아담과 하와에게 하나님은 얼굴에 땀을 흘려야 먹을 수 있게 하셨습니다. 에덴동산을 떠난 아담과 하와는 자신의 삶을 스스로 책임져야 했습니다. 감당할 능력이 없는데, 큰 책임이 주어지는 것은 고통이요 저주입니다.

세상을 보십시오. 쉬운 일이 하나도 없습니다. 사는 것이 마치 전쟁과 같습니다. 세상에서 돈을 벌려면, 사람들의 눈치를 보아야 합니다. 때로는 아첨해야 합니다. 때로는 상사의 호통을 참아 내야 합니다. 동료들과 눈에 보이지 않는 전쟁을 해야 합니다.

아버지의 집에는 모든 것이 있었습니다. 모든 것이 풍성했습니다. 품꾼도 풍족하게 먹었습니다. 아버지의 집에 있을 때, 둘째 아들은 자신에게 주어지는 것을 그냥 누렸습니다. 그러나 아버지의 집을 떠난 후, 둘째 아들에게 그냥 주어지는 것은 하나도 없었습니다. 돈은 다 써 버렸습니다. 게다가 나라에 크게 흉년이 들어 궁핍해졌습니다. 둘째 아들은 다급해졌습니다.

둘째 아들은 "그 나라 백성 중 한 사람에게 붙여"(15절) 살았습니다. 붙여 산다는 것은 누군가에게 종속되어 사는 것을 의미합니다. 둘째 아들이 그 나라 백성 중 한 사람에게 자기 인생을 맡긴 것 같습니다. 빌붙어 살고 있다는 것입니다. 거기다 돼지 치는 일을 하게 되었습니다. 가치 있고 품격 있는 삶과는 거리가 멉니다. 흉년은 무섭습니다. 흉년이 길어지면, 세상이 참혹해집니다. 먹을 것을 얻기 위한 전쟁이 벌어집니다. 체면을 생각할 겨를이 없습니다. 죽지 않으려면, 무엇이든 해야 합니다.

누군가에게 종속되는 순간 자유를 잃습니다. 원하는 대로 살 수 없습니다. 내 삶과 시간을 포기해야 합니다. 주인이 시키는 대로 해야 합니다. 지배를 받으며 사는 것은 매우 힘듭니다. 현대인들이 그렇지 않습니까? 자유가 없습니다. 무엇인가에 얽매여 있습니다. 쉬고 싶어도, 쉴 수 없습니다. 여유가 없습니다. 좋은 직업이지만 결코 자유롭지 않습니다. 자기 마음대로 시간을 낼 수 없습니다. 돈을 많이 벌지만, 돈 쓸 시간이 없습니다. 무언가에 매여 있습니다.

현대인들은 자유를 잃은 자유인입니다. 대기업 총수는 소비자의 눈치를 살핍니다. 소비자를 유혹하기 위해 엄청난 광고비를 투자합니다. 소비자의 지지를 받기 위해서입니다. 대기업에서 상품 하나를 잘못 만들면, 이로 인한 피해가 엄청납니다. 기업들은 끊임없이 전쟁합니다. 피가 마르는 듯합니다.

우리나라는 서비스업이 발달했습니다. 서비스 업계에서 일하는 분들은 감정 소모가 매우 큽니다. 소비자의 마음을 얻기 위해 때로는 굴종해야 합니다. 굴욕을 경험하는 때가 한두 번이 아닙니다. 그래도 참아야 합니다. 이처럼 사람들은 모두 힘들게 살아갑니다.

사람이 자유를 잃으면 노예가 됩니다. 사람답게 살 수 없습니다. "나는 자유를 원한다"라는 말은 "나는 사람답게 살고 싶다"라는 의미입니다. 하나님은 에덴동산에서 사람에게 자유를 주셨습니다. 자유는 하나님이 사람에게 주신 최고의 선물입니다.

하나님이 사람에게 자유를 주신 것은 하나님의 편에서는 위험합니다. 하나님처럼 살 수 있는 특권이 사람에게 주어졌기 때문입니다. 그럼에도 하나님은 사람에게 자유를 허락하셨습니다.

하나님은 사람에게 “동산 각종 나무의 열매는 네가 임의로 먹되 선악을 알게 하는 나무의 열매는 먹지 말라”(창 2:16-17)고 말씀하셨습니다. 하나님은 사람에게 오직 하나를 제한하셨습니다. 이것을 통해 하나님은 하나님과 사람을 구분하셨습니다. 사람을 불행하게 하려고 제한하신 것이 아닙니다. 행복하게 하시려고, 사람에게 주어진 자유를 보장해 주시기 위해 한 가지를 제한하신 것입니다. 하나님과 사람 사이의 경계를 분명하게 지키면, 사람은 모든 자유를 누릴 수 있었습니다. 그러나 이것을 지키지 않아, 사람은 자유를 잃어버렸습니다. 자유가 주어졌다고 모든 것을 마음대로 선택할 수 있는 것은 아닙니다. 선택할 수 있지만 선택하지 않을 때, 진정한 자유를 경험할 수 있습니다.

자유는 하나님이 주신 최고의 선물입니다. 모든 것을 잃어도, 자유를 잃으면 안 됩니다. 자유를 잃으면 모든 것을 잃습니다. 자유가 없으면 기쁨이 없습니다. 삶의 의욕을 잃어버립니다. 삶이 피곤해집니다. 무언가에 끌려다니게 됩니다. 눈에 보이지 않는 사슬에 묶여 마치 기계처럼 살아갑니다.

자유를 잃은 자의 최후

사람은 존중받고 싶어 합니다. 존중받는다는 것은 매우

중요합니다. 이것은 상위 욕구입니다. 그런데 자유를 잃으면 이것마저 훼손됩니다. 둘째 아들은 자유를 잃은 것도 모자라 먼 나라에서 돼지를 치게 되었습니다. 존재 가치가 추락했습니다. 최악의 상황입니다. 유대인들은 돼지를 부정한 동물로 여겼습니다. 돼지고기를 먹지 않았고, 돼지를 사육하지도 않았습니다. 그런데 돼지를 치게 되었다는 말은, 그의 인생이 밑바닥에 이르렀다는 의미입니다. 이제 더 이상 내려갈 곳이 없습니다.

더 비참한 일이 벌어졌습니다. 둘째 아들은 먹을 것이 없어 돼지가 먹는 쥐엄 열매로 배를 채우려고 했습니다. 쥐엄 열매는 사람이 먹는 것이 아닙니다. 사람이 먹으면 소화하기 어려운 것입니다. 그런데 그가 왜 그런 것을 먹으려고 했겠습니까? 배고픔이 극에 달했기 때문입니다. 둘째 아들에게는 살고 싶은 욕망만 남았습니다. 체면을 생각하지 않았습니다. 죽을 지경이 되면, 평소에 먹지 않던 것도 먹으려고 합니다. 무엇이든 먹으려고 합니다. 둘째 아들은 돼지가 먹는 쥐엄 열매라도 빼앗아 먹고 배를 채우려고 했으나, 그것마저도 주는 사람이 없었습니다.

둘째 아들은 아버지의 집을 떠나 먼 나라에 가서 마음껏 살아 보려고 했습니다. 하지만 마주한 현실은 돼지를 치는 것도 모자라, 돼지만도 못한 처지가 된 것입니다. 둘째 아들은 먹고살기 위해 몸부림쳤습니다. 저주, 비애, 비극입니다.

일본의 작가 미우라 아야코의《이 질그릇에도》에 보면, 저자가 잡화점을 운영했던 때의 이야기가 기록되어 있습니다. 미우라 아야코는 잡화점을 운영하면서 몇 가지의 물품은 일부러 팔지 않았습니다. 손님이 와서 찾는 물건이 없으면 건너편 가게에 가서 그것을 사도록 했습니다. 자신의 잡화점으로 인해 이웃이 피해 받는 것을 원하지 않아 그렇게 한 것입니다. 건너편 가게 주인이 그것을 알고 자신도 그렇게 했습니다. 한 마을에서 두 가게가 아름답게 공존할 수 있었습니다. 사람이 바람직하게 살아가는 방식입니다. 우리는 이 땅에서 함께 살아가야 합니다. 사람답게 살아야 합니다. 자신이 배부른 것으로 만족해서는 안 됩니다.

요즘은 이런 모습을 볼 수 없습니다. 빼앗고 빼앗기는 약육강식의 세상입니다. 사람들은 무한경쟁을 하며 살아갑니다. 무한경쟁이 커져 사람들은 날마다 전쟁하며 살아갑니다. 죽고 죽이는 혈투가 날마다 벌어집니다. 사람들은 인간성을 상실한 채 살아갑니다. 상대방의 약점을 악용합니다.

스스로 지혜 있다 하나 어리석게 되어 썩어지지 아니하

는 하나님의 영광을 썩어질 사람과 새와 짐승과 기어다니는 동물 모양의 우상으로 바꾸었느니라… 또한 그들이 마음에 하나님 두기를 싫어하매 하나님께서 그들을 그 상실한 마음대로 내버려 두사 합당하지 못한 일을 하게 하셨으니 롬 1:22-23, 28

사람이 바닥으로 추락하면 눈이 어두워집니다. 판단력이 흐려집니다. 하나님을 떠난 사람은 정상이 아닙니다. 사람이기를 포기하고 살아갑니다. 이것이 타락입니다. 심하면 짐승 수준으로 전락합니다.

둘째 아들은 오직 생존에 초점을 맞추고 살아갑니다. 먹고 사는 것이 삶의 전부입니다. 돼지와 비슷합니다. 그래서 돼지가 먹는 쥐엄 열매로 배를 채우려고 했습니다. 먹고 배를 채우는 것 외에는 생각할 여유가 없습니다. 바닥으로 추락한 인생의 모습입니다.

돼지는 부끄러운 것을 모릅니다. 먹을 것만 있으면 됩니다. 사람이 부끄러운 것을 알지 못하면 소망이 없습니다. 삶이 바닥으로 추락하면, 양심도 체면도 생각하지 않습니다. 허망한 것을 생각합니다. 미련합니다. 짐승과 다를 바 없습니다. 최악의 상태입니다.

둘째 아들의 모습에서 타락한 죄인의 모습, 인간성을 상실한 사람의 모습을 볼 수 있습니다. 사람이 바닥으로 추락하면 어떻게 되는가를 짐작할 수 있습니다. 어떻게 이렇게 무너질 수 있을까 생각하지만, 하나님을 떠난 사람은 바닥으로 추락합니다. 무너질 수밖에 없습니다.

세상은 언뜻 보면 고상하게 보입니다. 그러나 타락한 세상은 돼지우리와 크게 다르지 않습니다. 어쩌면 돼지우리보다 더 추악할 수 있습니다. 돼지는 배가 부르면, 남의 것을 빼앗지 않습니다. 남의 것을 빼앗기 위해 남을 죽이지 않습니다. 가진 것을 숨기는 주머니가 짐승에게는 없습니다.

현대는 생존경쟁이 치열합니다. 사람들은 먹고살기 힘들다고 말합니다. 맞는 말입니다. 그러나 아무리 힘들어도 사람이기를 포기해서는 안 됩니다. 우리는 세상 사람들과 다르게 살아야 합니다.

먼 나라 백성 중 한 사람에게는 둘째 아들보다 돼지가 더 소중합니다. 그러니 돼지에게는 쥐엄 열매를 주면서도 둘째 아들이 굶주린 것은 보지 못했습니다. 둘째 아들이 쥐엄 열매로 배를 채우려는 것조차 허락하지 않았습니다. 둘째 아들은 사람 취급을 못 받고 있습니다. 돼지보다 못한 처지가 됐습니다.

그러나 후에 둘째 아들이 아버지의 집으로 돌아갔을 때, 아버지는 살진 송아지를 잡아 잔치를 벌일 것입니다. 아버지가 사랑하는 아들이기 때문입니다.

하나님께 속한 자의 반전 인생

에덴동산에서 사람이 죄를 범한 이후, 땅은 저주를 받았습니다. 둘째 아들이 사는 먼 나라에 흉년이 든 것도 저주의 일종입니다. 저주는 무서운 것입니다. 생명의 근원은 하나님이십니다. 하나님을 떠나면 삶의 흉년, 삶의 기근을 경험합니다.

그때 사람은 자신이 가진 자원으로 살려고 몸부림칩니다. 사람에게 주어진 자원은 제한되어 있습니다. 생명도 언젠간 바닥납니다. 하나님을 떠난 사람은 추락하게 되어 있습니다. 하나님은 추락하는 사람들을 구출하기 원하셨습니다. 그것이 하나님의 구원 계획, 즉 복음입니다.

복음으로 인해 모든 것이 반전됩니다. 추락하던 사람이 어느 순간 비상(飛上)하는 반전이 일어날 수 있습니다. 추락한 사람만이 비상할 수 있습니다. 복음이 왜 복된 소식입니까? 복음은 추락하는 사람을 건져 내기 때문입니다. 복음은 완전히 망가져 소망이 없는 사람을 구원합니다.

자신에게 소망이 없다는 것을 인정하지 않는 사람은 하나님의 구원이 필요하다는 사실을 깨닫지 못합니다. 그러나 절망의 끝에서 구원받은 사람은 다릅니다. 하나님에 대한 태도가, 예배드리는 자세가 다릅니다. 스스로에게 절망한 사람은 자신을 구원하신 하나님께 감사하지 않을 수 없습니다.

하나님은 자녀가 추락하도록 내버려두시지 않습니다. 하나님은 절망의 끝에서 날아오르게 하십니다. 자비로우신 하나님, 은혜의 하나님을 만나면 삶이 반전됩니다. 사람답게 살 수 있습니다. 하나님이 계획하신 대로 살 수 있습니다.

Part 3.
탕자의 회개

8장.

돌아갈 집이 있다는 것이 은혜입니다

"이에 스스로 돌이켜 이르되 내 아버지에게는 양식이 풍족한 품꾼이 얼마나 많은가 나는 여기서 주려 죽는구나" 눅 15:17

둘째 아들은 아버지의 집을 떠난 후 가진 것을 모두 잃었습니다. 더 이상 내려갈 곳이 없는 지경에 이르렀습니다. 둘째 아들의 몰골은 엉망이었습니다.

자아를 잃어버리면 외모가 달라집니다. 하나님을 떠나면 삶이 비참해집니다. 의지할 곳이 없습니다. 생명의 근원이신 하나님을 떠나는 순간, 생명의 기운이 빠르게 빠져나갑니다. 죽음의 기운이 엄습합니다. 살아 있지만 죽은 것과 다름없습니다.

본문에 "이에 스스로 돌이켜"라고 기록하고 있습니다. NIV성경은 "When he came to his senses(그가 정신을 차렸을 때)"라고 번역합니다. 유진 피터슨(Eugene H. Peterson)은 《메시지》에서 "그제야 정신을 차렸다"라고 해석했습니다. 그동안 둘째 아들은 제정신이 아니었습니다. 이제야 정신을 차렸습니다. 정신을 차린 둘째 아들은 자신의 모습을 깨달았습니다. 자신을 돌아보았습니다. 이대로는 안 된다는 것을 자각했습니다.

풍요 속에서 잃어버린 것들

바쁘게 살다 보면, 자신을 돌아볼 겨를이 없습니다. 자신을 돌아보는 것은 자기 응시입니다. 자신을 응시하지 않고 살다 보면, 삶이 어떻게 될지 알 수 없습니다. 자신을 응시하는 것은 부담스럽습니다. 두렵습니다. 사람들은 자신을 응시하는 것을 어렵게 생각합니다. 그래서 자신을 방치합니다.

현실을 정확하게 이해하지 못하는 사람은 현실을 왜곡시킵니다. 이런 사람은 자신의 생각과 감정에 몰두합니다. 자신이 생각하는 것이 현실이라고 생각합니다. 자신이 보지 못하는 세계가 있다는 것을 인정하지 않습니다. 이런 사람과는 대화하기 어렵습니다.

둘째 아들은 가던 길에서 돌이켰습니다. 아버지의 집을 생각했습니다. 그동안 둘째 아들은 환상에 취해 있었습니다. 허황된 것을 꿈꾸었습니다. 비현실적으로 살았습니다. 그런데 그는 밑바닥 인생이 되고 나서야 깨달았습니다. 아버지의 집을 떠난 후에 자신의 삶이 조금도 나아지지 않았다는 것을 말입니다. 삶이 나아지기는커녕 이전보다 나빠졌다는 것을 말입니다. 하나님 없는 삶은 결코 좋아지지 않습니다. 하나님 없는 역사는 진보는커녕 퇴보합니다. 하나님을 무시하고 사는 인생은 삶의 에너지가 바닥납니다.

하나님 없이 성공하는 것은 모래 위에 지은 성과 같습니다. 하나님 없는 지성은 머리를 아프게 합니다. 하나님 없는 이념은 세상을 혼란하게 합니다. 하나님을 무시하는 문명이 바로 탕자의 문명입니다. 하나님 없는 인간의 공적은 십자가를 대적합니다. 하나님 없이 경제가 성장한 것을 부러워해서는 안 됩니다.

오늘날은 부족한 것이 없습니다. 부족해서 문제 되는 것은 없습니다. 오히려 너무 많아 힘듭니다. 예전에는 겨울이 지나고 봄이 되어야 딸기를 먹을 수 있었습니다. 딸기를 먹으며 감동했습니다. 그런데 지금은 1년 내내 과일을 먹을 수 있다 보니 겨울에도 딸기를 먹습니다. 그런데도 전혀 감동하지 않습니다.

과일뿐만이 아닙니다. 사람들은 무엇을 먹든 감동하지 않습니다. 무엇을 가져도 감사하는 마음이 전혀 없습니다. 삶은 풍요롭지만, 사람들은 불행합니다. 오히려 사람들은 풍요로움에 시달리며 살아갑니다. 영국의 소설가 G.K. 체스터튼(G.K. Chesterton)은 "오늘날 우리에게는 기적이 아니라 감탄이 필요하다"라고 말했습니다.

하나님 없는 삶은 무너집니다. 모든 것이 원점으로 돌아갑니다. 둘째 아들의 삶이 그러했습니다. 둘째 아들은 원점에 서 있습니다. 그가 가진 것은 자신의 몸밖에 없습니다. 그동안 그는 자신이 누구인지 알지 못했습니다. 마치 몽유병 환자처럼 살았습니다. 그러다가 그는 스스로 돌이켰습니다.

그가 어떻게 해서 스스로 돌이켰을까요? 둘째 아들은 원초적 위기에 봉착했습니다. 흉년이 들자 먹을 것이 없었습니다. 위기에 봉착한 둘째 아들은 그제서야 정신을 차리고 스스로 돌이켰습니다. 아버지에게 얼마나 양식이 풍부했는지를 깨달았습니다. 그곳에는 품꾼도, 먹을 것도 많은데 나는 왜 여기에서 죽을 처지에 놓인 것인가 탄식하며 현실을 자각했습니다. 자신의 비참한 모습을 발견했습니다. 둘째 아들은 절망했습니다. 절망하는 것이 중요합니다. 절망하는 순간, 스스로 질문하기 시작합니다.

본래 사람은 철학적인 존재입니다. 사람은 '나는 누구인가' '나는 어디에서 왔는가' '나는 왜 존재하는가' '나는 어디로 가는가'라고 자신에게 스스로 질문합니다. 사람은 일평생 스스로 질문하며 자신을 찾아야 합니다. 사람은 구도자(求道者)라고 할 수 있습니다. 그런데 이런 질문의 답을 깊이 생각하지 않고 살아가는 사람이 많습니다. 사람들은 생각 없이 삽니다. 생각한다 해도 오래 생각하지 않습니다. 현실의 무게 때문입니다. 사람들은 현실의 문제를 해결하느라 바쁩니다. 그러다 보면 자신의 삶에 대해 스스로 질문하기보다 현실 속에 묻혀 버립니다.

언뜻 보기에는 문제가 없는 듯합니다. 무엇인가 잘못되었는데, 묵인하고 살아갑니다. 그러다가 나중에 문제가 발생합니다. 둘째 아들의 삶이 그러했습니다. 둘째 아들은 자신이 마음먹은 대로 될 줄 알았습니다. 현실을 부정하고 살았습니다. 그러다가 그는 좌절했고, 자신이 너무 멀리 온 것을 깨달았습니다. 그리고 아버지의 집을 회상했습니다. 아버지의 집에서 경험한 것을 생각했습니다. 그는 아버지의 집을 떠났지만, 아버지의 집은 그의 기억 속에 선명하게 남아 있었습니다. 기억하는 것이 중요합니다. 힘들고 어려운 때에 사람은 본래의 자리를 추억합니다. 자신이 있던 자리를 추억합니다.

돌아갈 아버지 집이 있다는 것

사람에게는 회귀 본능이 있습니다. 힘들고 어려운 때에 사람들은 자신이 있던 곳, 마음의 고향을 생각합니다. 그동안 둘째 아들은 아버지의 집을 전혀 생각하지 않았습니다. 생각하고 싶지도 않았고, 허랑방탕하게 사느라 아버지의 집을 생각할 겨를이 없었습니다. 그러나 이제 아버지의 집이 생각났습니다.

우리도 마찬가지입니다. 모든 것이 순탄할 때에는 하나님을 생각하지 않습니다. 하나님의 사랑을 생각하지 않습니다. 자기에게 도취되어 살아갑니다. 하나님을 찾으려고 하지 않습니다. 그러나 춥고 배고프면 하나님을 찾습니다. 살려 달라 부르짖습니다.

지금 둘째 아들은 춥고 배고픕니다. 아버지의 집에 있을 때에는 경험하지 못한 것입니다. 이때 둘째 아들은 아버지의 집을 떠올렸습니다. 추억은 경험을 복기(復棋)하는 것입니다. 아버지의 집은 둘째 아들에게 추억의 장소입니다. 사람들은 무엇이든 잃은 후에야 그것의 귀중함을 깨닫습니다. 건강할 때에는 건강이 소중하다는 것을 깨닫지 못합니다. 건강을 잃은 후에야 건강의 소중함을 깨닫습니다. 지금 곁에 있는 사람이 소중한 사람입니다. 지금이 가장 좋은 때입니다. 지금 먹고 있는 것이 가장 맛있는 음식입니다. 지금 함께하는 친구가 가장 좋은 친구입니다.

둘째 아들 아버지의 집에 있을 때에는 아버지의 집이 얼마나 좋은가를 알지 못했습니다. 그래서 원망하고 불평했습니다. 아버지의 집에서 둘째 아들은 마음껏 먹고 마셨습니다. 평범한 일상이었습니다. 그러나 아버지의 집을 떠나 먼 나라에서는 평범한 일상을 보낼 수 없었습니다.

요즘 제가 즐겨 부르는 찬양이 있습니다. '은혜'입니다.

내가 누려왔던 모든 것들이 내가 지나왔던 모든 시간이
내가 걸어왔던 모든 순간이 당연한 것 아니라 은혜였소
아침 해가 뜨고 저녁의 노을 봄의 꽃향기와 가을의 열매
변하는 계절의 모든 순간이 당연한 것 아니라 은혜였소

내가 이 땅에 태어나 사는 것 어린아이 시절과 지금까지
숨을 쉬며 살며 꿈을 꾸는 삶 당연한 것 아니라 은혜였소
내가 하나님의 자녀로 살며 오늘 찬양하고 예배하는 삶
복음을 전할 수 있는 축복이 당연한 것 아니라 은혜였소

모든 것이 은혜 은혜 은혜 한없는 은혜
내 삶에 당연한 것 하나도 없었던 것을
모든 것이 은혜 은혜였소

모든 것이 은혜입니다. 당연한 것은 하나도 없습니다. 잃은 후에 이것을 깨달으면 안 됩니다. 은혜를 경험해야 철이 듭니다. 은혜를 받은 사람은 평범하게 누리는 일상을 당연한 것이라 여기지 않고 감사하고 감격합니다. 일상 속에서 감사하고 감격하십니까?

부모님이 살아 계실 때에는 소중함을 모릅니다. 부모님이 세상을 떠난 후에야 부모님의 소중함을 깨닫습니다. 이것이 때늦은 각성입니다. 누가 탕자입니까? 때늦은 각성을 하는 사람입니다. 철이 지난 후에야 깨닫는 사람입니다. 자라지 않은 어른입니다. 둘째 아들이 이제야 풍요로운 아버지 집을 생각했습니다. 은혜입니다.

회개와 후회의 차이

생각과 감사는 늘 함께합니다. 생각이 깊어지면 감사할 수 있습니다. 생각이 깊어지면 하나님을 생각합니다. 하나님께 감사합니다. 밥을 먹으며 하나님을 생각합니다. 좋은 것을 보며 하나님을 생각합니다. 생각이 하나님을 향합니다. 모든 것이 하나님으로부터 비롯되었기 때문입니다.

둘째 아들은 아버지의 집을 생각했습니다. 아버지의 집에 있었던 사람이 아버지의 집을 생각할 수 있습니다. 경험한 사람이 그리워합니다. 경험은 조작할 수 없습니다. 자신도 모르게 그리워하게 됩니다.

둘째 아들이 변화되기 시작했습니다. 그의 마음이 흔들리기 시작했습니다. 둘째 아들이 스스로 돌이킨 것을 회개라고 생각할 수는 없습니다. 그러나 둘째 아들의 안에서 변화가 시작되었습니다. 둘째 아들은 자신을 성찰하기 시작했습니다.

오늘날은 성찰의 부재 시대입니다. 사유의 빈곤 시대입니다. 동물적으로, 감각적으로 사는 것이 일반화된 시대입니다. 사람들은 살던 대로 살아갑니다. 망가진 대로, 고장난 대로 살아갑니다. 사람들은 자신을 성찰하지 않습니다. 자신을 깊이 생각하지 않습니다.

둘째 아들이 스스로 돌이킨 것을 회개한 것이라고 해석하는 경우도 있습니다. 그러나 둘째 아들은 무엇인가 잘못되었다는 것은 알고 있지만, 자신이 무엇을 잘못했는가는 아직 모릅니다. 죄는 깊이 숨어 있습니다. 둘째 아들은 죄에 젖어 살아왔습니다. 죄인은 가끔 죄를 짓는 사람이 아닙니다. 존재 자체가 죄 덩어리입니다. 죄를 죄로 인식하지 못합니다. 그러니 죄인 줄 알면서도 짓고 모르면서도 짓습니다. 알고 짓는 죄도 무섭지만, 모르고 짓는 죄는 더 무섭습니다.

오늘날은 직설적으로 죄라고 표현하지 않습니다. 그렇다 보니 죄의 개념이 희석되었습니다. 죄의 개념이 없어지고 있습니다. 사람들은 죄를 죄로 인식하지 못합니다. 나쁜 짓을 한 것만 죄가 아닙니다. 둘째 아들이 범한 죄는 아버지의 재산 중 자신의 분깃을 받아 그것으로 허랑방탕하게 살며 재산을 낭비한 것만이 아닙니다. 거슬러 올라가면 더 무서운 죄가 드러납니다. 아버지에게 반역한 것, 아버지 집을 떠나려 한 것, 먼 나라를 동경하며 내 멋대로 살고자 한 모든 것이 죄입니다.

둘째 아들은 아버지의 집을 기억했습니다. 아버지 집을 떠난 것을 후회했습니다. 착각하지 말아야 할 것은 후회하는 것이 회개는 아닙니다. 회개와 후회는 다릅니다. 후회는 자신의 잘못을 각성하는 것이고, 회개는 잘못된 길에서 돌이키는 것입니다. 둘째 아들의 후회는 방향을 전환하려고 한 것에 불과합니다. 후회하는 것만으로는 돌이킬 수 없습니다. 자신을 성찰하는 것으로도 부족합니다. 돌이키는 사람은 회개해야 합니다. 회개했다면 변화되어야 합니다. 변화가 없으면 참으로 회개한 것이 아닙니다. 참으로 회개하는 사람은 삶 전체가 변화됩니다.

죄를 지은 사람은 완악합니다. 그래서 회개하지 않으려고 합니다. 익숙한 삶의 방식을 바꾸려고 하지 않습니다. 살던 대로 살고 싶어 합니다. 자존심 때문입니다. 삶을 바꾸려면, 자신의 삶을 부정해야 합니다. 자신과 끊임없이 싸워야 합니다. 결심만으로는 삶을 바꿀 수 없습니다. 성령의 은혜를 경험해야 합니다.

왜 회개하지 않습니까? 자신의 죄를 보지 못하기 때문입니다. 평소에는 죄가 잘 보이지 않습니다. 우리는 성령의 역사로 회개할 수 있습니다. 성령께서 돕지 않으시면, 우리는 회개할 수 없습니다. 성령께서 우리의 내면 깊숙한 곳을 비추셔서 죄를 드러내시면, 회개하지 않을 수 없습니다.

삶의 방향을 전환해야 하는 때가 있습니다. 생각대로 되지 않을 때, 내 선택이 잘못되었음을 인정해야 합니다. 이때 깨달아야 합니다. 깨닫는 것이 중요합니다. 돌이키는 것은 하나님의 은혜입니다. 하나님의 은혜가 있어야 돌이킬 수 있습니다.

둘째 아들은 아버지의 집을 떠나 처참하게 실패했습니다. 실패는 오히려 복입니다. 실패는 새로운 출발점이 될 수 있습니다. 둘째 아들이 모든 것을 잃지 않았다면, 아버지의 집을 생각했을까요? 스스로 돌이켰을까요? 세상 사람들과 하나님의 사람은 성공과 실패를 보는 관점이 다릅니다. 실패한 이유를 제대로 알지 못하면 억울하기만 합니다. 그러나 그 자리에서 돌이킨다면, 실패가 복이 됩니다. 하나님은 실패를 사용하십니다.

둘째 아들은 스스로 돌이켰으니 이제 아버지의 집으로, 아버지에게로 돌아가야 합니다. 후회한 것으로 끝나면 안 됩니다. 하나님께로 돌아가야 합니다. 그래야 자신을 찾습니다. 나답게 살 수 있습니다. 자신이 누구인지 알지 못하면, 남들과 자신을 비교하며 삽니다. 하나님의 관점으로 자신을 바라보아야 합니다. 그럴 때, 열등감이나 우월감 같은 쓸데없는 감정에 빠지지 않습니다.

하나님을 떠난 사람은 하나님께로 돌아가는 데 오래 걸릴 수 있습니다. 그 길은 멀고 험할 수 있습니다. 그러나 꼭 가야만 합니다. 오늘날에는 교회 다니는 사람 중에도 하나님을 등진 사람이 있습니다. 교회에서 봉사하지만, 마음은 하나님에게서 멀어진 것입니다. 이런 사람은 추락할 수밖에 없습니다.

세상 사람들은 하나님을 떠나야 자유로워진다고 말합니

다. 세상에서 마음껏 즐기라고 합니다. 우리를 속이는 것입니다. 하나님이 우리를 창조하셨습니다. 우리는 하나님으로부터 왔습니다. 그렇기에 우리는 하나님께로 돌아가야 합니다. 하나님은 잃어버린 자를 찾고 계십니다.

인생의 전환점은 누구에게나 있습니다. 둘째 아들은 스스로 돌이켰습니다. 각성했습니다. 내 삶을 돌아보는 것은 매우 중요합니다. 우리는 탕자의 비유를 살펴보면서 우리의 영혼을 돌아보아야 합니다. 내면을 들여다보아야 합니다.

9장.

실수하고 죄지어도 아들은 아들입니다

"내가 일어나 아버지께 가서 이르기를 아버지 내가 하늘과 아버지께 죄를 지었사오니 지금부터는 아버지의 아들이라 일컬음을 감당하지 못하겠나이다 나를 품꾼의 하나로 보소서 하리라 하고" 눅 15:18-19

둘째 아들은 아버지의 집을 생각했습니다. 아버지의 집으로 돌아가려고 마음먹었습니다. 그런데 그는 자신이 아버지의 아들로서의 자격을 잃었다고 생각했습니다. 그래서 아버지께 "나를 품꾼의 하나로 보소서"라고 말해야겠다고 생각했습니다.

그는 자신의 신분을 스스로 격하시켰습니다. 이것은 겸손이 아니라 수치심에서 비롯된 생각입니다. 실패로 점철된 자신의 과거에 대한 평가에서 비롯된 생각입니다. 둘째 아들은 자신의 모습이 한심했습니다. 스스로 자신을 무시했습니다. 이것이 바로 열등감입니다.

아들의 자격

먼 나라에서 궁핍해진 둘째 아들은 자존감이 낮아졌습니다. 자학했습니다. 자신을 혐오했습니다. 자신을 증오하고 거부했습니다. 둘째 아들은 모든 것을 잃었습니다. 자아를 잃었습니다. 생존을 위해 전전긍긍하다가 자존감마저 잃었습니다. 자존심도 잃어버리고, 수치심도 느끼지 못하게 되었습니다.

그가 누구입니까? 아버지에게 당당히 자신의 분깃을 요구하던 아들이었습니다. 아버지의 재산을 빼앗듯 가지고 집을 나와 버린 불효자였습니다. 아버지에게 반역하여 아버지의 명예를 훼손했습니다. 그랬던 그가 먼 나라 사람에게 빌붙어서 돼지를 치며 살다 보니 아버지의 아들로서의 신분조차 포기할 지경이 되었습니다. 그러니 이제 아버지의 집으로 돌아가려고 해도 용기가 나지 않았습니다. 설령 집으로 돌아간다 해도 아버지를 볼 면목이 없었습니다. 둘째 아들은 아버지의 집으로 돌아갈 것인가, 아니면 다른 곳으로 갈 것인가 망설였을 것입니다. 둘째 아들은 자신이 아버지로부터 아들 자격을 박탈당했다고 생각했습니다. 그는 아버지가 자신을 받아 주기만을 바랐습니다. 그는 마음이 낮아질 대로 낮아졌습니다. 쥐엄 열매조차 먹지 못하는 밑바닥 인생을 마지못해 살아가면서 자존감 또한 낮아질 대로 낮아졌습니다.

둘째 아들은 자신의 과거를 부끄럽게 생각했습니다. 자신을 정죄했습니다. 자신을 수치스러워했습니다. 둘째 아들은 자신이 아버지의 아들로서 문제가 많다고 생각했습니다. 자격지심이 생겼습니다. 그래서 아버지의 집으로 갈 용기가 없었습니다. 이처럼 자존감이 낮은 사람은 자신을 철저히 고립시킵니다. 자신에게 아무것도 기대하지 않습니다.

율법적인 신앙생활에는 '~하라' '~하지 말라'가 많습니다. 실수하면 주눅이 듭니다. 분위기가 싸늘해집니다. 교회에서 눈치를 볼 때가 많습니다. 서로 경계합니다. 연약한 모습을 보이면, 정죄하는 시선으로 쳐다봅니다. 사람들을 쉽게 판단합니다. 더욱 수치심을 느끼게 합니다.

우리는 언제 하나님 앞으로 나아갈 수 있습니까? 율법을 잘 지키고, 도덕적으로 흠이 없어야 하나님 앞에 나아갈 수 있습니까? 우리의 행위로 하나님을 기쁘시게 할 수 있을까요? 하나님이 만족하실 일을 하면, 하나님이 우리를 받아 주실까요? 바울은 "의인은 없나니 하나도 없으며"(롬 3:10)라고 했습니다. 아무리 착하게 사는 사람도 죄를 짓습니다. 율법을 완벽하게 지킬 수 있는 사람은 없습니다. 우리의 열심으로는 하나님께 만족을 드릴 수 없습니다. 우리의 행위로는 하나님 앞에 나아갈 수 없습니다. 그럼에도 사람들은 내 노력으로 완벽해 지려고 합니다.

탕자의 비유에 등장하는 맏아들은 아버지의 집에서 열심히 일했습니다. 그는 열심히 살았습니다. 이런 맏아들의 모습은 모범적으로 보입니다. 그는 아버지의 아들이었습니다. 아버지는 그가 열심히 살았기 때문에 그를 아들로 대우하신 것이 아닙니다.

> 그러므로 형제들아 우리가 예수의 피를 힘입어 성소에 들어갈 담력을 얻었나니 그 길은 우리를 위하여 휘장 가운데로 열어 놓으신 새로운 살 길이요 휘장은 곧 그의 육체니라 히 10:19-20

우리는 예수님으로 인해 하나님 앞에 당당하게 나아갈 수 있습니다. 우리는 연약하면 연약한 대로, 실수하면 실수하는 대로, 죄를 지었다면 죄 지은 대로 하나님 앞에 나아갈 수 있습니다. 하나님 앞에 나아가면, 사는 길이 열립니다. 복음의 힘입니다.

> 영접하는 자 곧 그 이름을 믿는 자들에게는 하나님의 자녀가 되는 권세를 주셨으니 이는 혈통으로나 육정으로나 사람의 뜻으로 나지 아니하고 오직 하나님께로부터 난 자들이니라 요 1:12-13

영접하기만 하면, 하나님의 자녀가 됩니다. 하나님께로 돌아오기만 하면 됩니다. 행위로는 하나님의 자녀가 될 수 없습니다. 하나님은 자녀가 되는 조건을 전혀 제시하지 않으셨습니다. 만약 조건이 있었다면, 우리는 하나님의 자녀가 될 수 없었을 것입니다. 하나님은 아무 조건 없이 우리를 자녀로 삼으셨습니다. 우리는 오직 믿음으로 하나님의 자녀가 될 수 있습니다.

우리가 하나님의 자녀가 될 수 있다는 것은 놀라운 복음입니다. 하나님이 주신 최고의 선물입니다. 다른 종교에서는 신과 사람이 아버지와 자녀의 관계를 맺을 수 없습니다. 이것은 기독교의 특성입니다. 아버지와 아들의 관계는 깨어지지 않습니다. 우리가 예수님을 믿고 하나님의 자녀가 되면, 우리에게 권세가 주어집니다. 하나님의 자녀가 되는 것 자체가 특권입니다. 하나님의 자녀로서의 권세를 누리면 됩니다.

하나님의 자녀는 하나님 앞에 나아가는 일에 주저할 것이 없습니다. 우리가 죄를 범했다 할지라도, 하나님은 우리를 받아 주십니다. 우리는 하나님의 자녀로서 권세를 누릴 수 있습니다. 하나님의 자녀로서의 권세는 행위로 인해 주어지는 것이 아닙니다. 그 권세는 하나님의 아들 예수 그리스도로 인해 주어지는 것입니다. 예수님이 십자가에 못 박혀 죽으심으로 우리에게 주어진 권세입니다. 예수님의 이름 안에서 주어지는 권세입니다.

우리가 실수하고 부족해도 우리는 하나님의 자녀이지, 종으로 전락하지 않습니다. 그럼에도 우리는 행위에 근거하여 신분이 달라진다고 생각합니다. 열심히 봉사하고, 헌금 잘하고, 말씀을 따라 살면 하나님의 자녀로서의 자격이 있다고 생각합니다. 그러나 삶이 곤두박질치면 품꾼이라고 생각합니다. 행위에 근거하여 생각하기 때문입니다. 그러나 하나님은 행위를 보시고 우리를 받아 주시는 것이 아닙니다. 하나님과 우리의 관계는 우리의 열심과 상관없습니다. 하나님은 일방적으로 우리를 구원하시고 의롭다고 하셨습니다. 하나님과 우리 사이를 가로막을 수 있는 것은 없습니다.

탕자의 비유에서 아버지가 찾는 사람은 품꾼이 아닙니다. 품꾼 하나 잃어버렸다고 애타게 찾는 주인은 없습니다. 다른 품꾼이 얼마든지 있기 때문입니다. 아버지는 집을 떠나 먼 나라에 간 둘째 아들이 돌아오기를 기다립니다.

신앙생활하다 보면, 하나님이 해야 할 일이 많아 일하게 하시려고 우리를 부르셨다고 생각할 때가 있습니다. 착각입니다. 만약 하나님이 일하게 하시려고 우리를 부르셨다면, 우리는 하나님의 품꾼입니다. 일하기 위해 부름받았다고 생각하는 사람은 열심히 일합니다. 그러면서 자신의 공로를 주장하고, 다른 사람과 경쟁합니다. 사나워집니다. 탕자의 비유에 등장하는 맏아들이 그러했습니다. 그는 아버지의 집에서 열심히 일했습니다. 그런데 사나웠습니다.

품꾼은 품삯을 받기 위해 일합니다. 주인과 품꾼은 품삯을 주고받는 관계입니다. 이런 관계는 언제 끊어질지 모릅니다. 품꾼에게는 기쁨이 없습니다. 품꾼은 불안합니다.

맏아들은 아버지의 집에 있었지만 마치 품꾼처럼 살았습니다. 그는 아버지와의 관계가 친밀하지 않았습니다. 이처럼 품꾼의 삶은 험합니다. 세상은 품꾼을 찾습니다. 냉혹한 세상에는 자비가 없습니다. 공짜가 없습니다. 대가를 지불해야 합니다. 품꾼에게는 자유가 없습니다. 그러나 아버지의 아들은 다릅니다. 아버지의 집에서는 눈치를 볼 이유가 없습니다. 무엇이든 마음대로 할 수 있습니다. 마음껏 먹을 수 있습니다. 실수했을 때 혼날 수는 있지만, 쫓겨나지는 않습니다. 실수해도 당당합니다.

하나님은 자녀를 원하십니다. 사랑을 나눌 자녀를 찾으십니다. 우리는 스스로 품꾼이 되어서는 안 됩니다. 우리는 하나님의 품꾼이 아닙니다. 우리는 하나님의 자녀입니다. 하나님은 우리의 아버지이십니다. 이 사실을 늘 기억해야 합니다.

품꾼이 될 수 없는 아들 신분

하나님의 자녀인 우리는 하나님과의 관계가 친밀해야 합니다. 하나님과 친밀함을 누리는 것, 이것이 신앙의 핵심입니다. 복음을 받아들이고 예수님을 믿는다면, 우리는 하나님의 사랑을 경험해야 합니다. 하나님의 사랑을 받는다면, 그것으로 충분합니다.

교회에서 일하려고 해서는 안 됩니다. 교회에서 일하는 것을 배운 사람은 하나님과의 관계를 거래로 생각합니다. "하나님, 제가 많이 봉사하고 전도하고 헌금하고 헌신했으니 제 기도에 응답해 주세요"라고 기도합니다. 기도하는 것이 아니라 하나님께 떼쓰는 것입니다.

하나님은 우리와 교제하기를 원하십니다. 하나님은 우리와 사랑의 관계를 맺기 원하십니다. 하나님은 우리에게 하나님의 사랑을 흘려보내기를 원하십니다. 하나님 아버지의 사랑을 충분히 경험해야 합니다. 아버지와의 사랑이 깊어지면, 모든 것이 따라옵니다.

아버지의 사랑을 충분히 경험한 사람은 교회에서 일하되 그 사랑에 보답하기 위해 일하지 않습니다. 아버지의 사랑에 보답하려고 일한다면, 그것은 우리의 의가 될 수 있습니다. 하나님은 우리를 구원하시기 위해 하나님의 아들을 희생하셨습니다. 하나님은 자신의 전부를 우리에게 주셨습니다. 우리는 이렇게 크신 하나님의 사랑에 보답할 수 없습니다. 우리는 하나님으로부터 받은 사랑에 반응해야 합니다. 하나님의 사랑을 깨달은 만큼 반응해야 합니다. 하나님의 사랑을 받은 사람은 무엇을 하든 어렵지 않습니다. 기쁨이 넘칩니다. 즐거운 마음으로 기꺼이 합니다.

성경은 하나님의 연서입니다. 성경에는 하나님의 사랑으로 가득합니다. 하나님은 우리가 사랑 받을 만해서 우리를 사랑하시는 것이 아닙니다. 우리는 하나님의 사랑을 받을 자격이 없습니다. 그럼에도 불구하고 하나님은 우리를 사랑하십니다.

맏아들은 아버지께 "내가 여러 해 아버지를 섬겨 명을 어김이 없거늘"(눅 15:29)이라고 말했습니다. 맏아들은 자신이 아버지의 집에서 아버지를 열심히 섬겼다고 생각했습니다. 자신이 착한 아들이라고 생각했습니다. 하지만 아버지의 집에서 열심히 일했기 때문에 그가 아버지의 아들인 것은 아닙니다. 아버지의 집에서 일하지 않아도 그는 아버지의 아들입니다. 아들은 아버지의 집에서 아버지의 것을 마음껏 누릴 수 있습니다.

맏아들은 자신이 열심히 일한 것에 대해 보상받으려고 했습니다. 그는 아버지의 재산에 관심이 있었습니다. 자신을 아버지의 품꾼으로 생각했습니다. 그는 열심히 일하면서도 아버지를 원망했습니다. 영락없는 품꾼의 모습입니다.

둘째 아들도 마찬가지입니다. 아버지의 품꾼으로 아버지의 집에 가려고 했습니다. 그도 아버지가 어떤 분인지 모르고 있었습니다. 아들은 언제까지나 아들입니다. 부족해도 아들입니다. 아버지의 마음을 아프게 해도 아들입니다. 사고를 쳐도 아버지의 아들입니다. 아버지와 아들의 관계는 변하지 않습니다.

구약성경을 보면, 하나님이 이스라엘 백성을 징계하시는 이야기가 나옵니다. 그런데 하나님이 징계하셔도, 이스라엘 백성은 영원한 하나님의 백성입니다. 왜 징계하십니까? 사랑하기 때문입니다. 사랑하지 않는다면 징계하실 이유가 없습니다. 매를 들 이유가 없습니다.

둘째 아들은 아버지께 기대하는 것이 없었습니다. 생각이 빈곤했습니다. 신앙생활을 하지만 하나님께 기대하는 것이 없는 사람이 있습니다. 이런 사람은 기도제목이 모호합니다. 이런 사람은 자존감이 낮고, 스스로를 무시하고 거절합니다. '하나님이 나를 사랑해 주실까?' '나는 하나님의 사랑을 받을 자격이 없어'라고 생각합니다.

우리는 하나님의 자녀입니다. 신앙생활을 적극적으로 해야 합니다. 자신을 하나님의 품꾼이라고 생각하고 신앙생활을 하는 사람은 활력이 없습니다. 마음에 기쁨이 없습니다. 늘 우울합니다. 하나님께 기도하는데도 얼굴이 어둡습니다. 신앙생활에 기복이 있습니다. 자신이 열심히 한다고 생각하면 얼굴이 밝지만, 그렇지 않은 때에는 얼굴이 어둡습니다. 신앙이 자라지 않습니다. 그러나 하나님은 우리에게 풍성하게 주고 싶어 하십니다. 우리가 하나님의 자녀이기 때문입니다. 따라서 하나님께 적극적으로 나아가야 합니다. 하나님께 담대하게 구해야 합니다. 눈치를 볼 필요가 없습니다.

하나님과 우리의 관계는 우리의 행위에 따라 결정되는 것이 아닙니다. 우리가 하나님의 자녀인 것은 변함없습니다. 우리는 자녀로서 하나님의 사랑을 충분히 누려야 합니다. 하나님은 우리가 생각하는 것보다 크고 풍성하시며, 훨씬 더 놀라운 분입니다.

사도 바울은 하나님을 가리켜 "우리 가운데서 역사하시는 능력대로 우리가 구하거나 생각하는 모든 것에 더 넘치도록 능히 하실 이"(엡 3:20)라고 표현했습니다. 우리가 하나님의 자녀이기 때문에 하나님은 구하거나 생각하는 모든 것에 더 넘치도록 부어 주십니다.

신앙생활은 하나님을 올바르게 아는 것

탕자의 비유에 등장하는 맏아들과 둘째 아들은 아버지를 알지 못했습니다. 아버지를 오해했습니다. 이것이 그들의 문제였습니다. 아버지는 아들의 모습을 있는 그대로 받아들일 준비가 되어 있습니다. 아들을 무조건 받아 주려고 했습니다.

신앙생활을 하면서 하나님을 올바르게 아는 것이 매우 중요합니다. 하나님을 오해해서는 안 됩니다. 그러면 신앙생활을 올바르게 할 수 없기 때문입니다. 하나님이 어떤 분이신가를 알지 못하는데, 신앙생활을 올바르게 할 수 있겠습니까?

회개하기 때문에 하나님이 우리를 받아 주시는 것이 아닙니다. 그냥 하나님 앞으로 나아가기만 하면, 하나님은 어떤 것도 요구하지 않으시고 우리를 받아 주십니다. 우리는 지은 죄를 알지 못합니다. 그러니 온전하게 회개할 수 없습니다. 다만 하나님 앞으로 나아가기만 하면 됩니다. 하나님의 사랑은 넓고 큽니다. 우리는 하나님의 자녀입니다. 성령은 우리가 하나님의 자녀인 것을 확인시켜 주십니다. 우리에게 증언하십니다.

> 너희가 아들이므로 하나님이 그 아들의 영을 우리 마음 가운데 보내사 아빠 아버지라 부르게 하셨느니라 그러므로 네가 이 후로는 종이 아니요 아들이니 아들이면 하나님으로 말미암아 유업을 받을 자니라 갈 4:6-7

우리는 종이 아니요, 하나님의 자녀입니다. 성령은 우리가 하나님의 자녀로 살 수 있도록 도우십니다.

> 무릇 하나님의 영으로 인도함을 받는 사람은 곧 하나님의 아들이라 너희는 다시 무서워하는 종의 영을 받지 아니하고 양자의 영을 받았으므로 우리가 아빠 아버지라고 부르짖느니라 롬 8:14-15

종의 영은 두려워하게 합니다. 종교는 사람들에게 두려움을 느끼게 합니다. 종교생활을 하는 사람은 무엇을 하든 두려움을 느낍니다. 열심히 하는데 두려워합니다. 그러나 우리는 양자의 영을 받았습니다. 하나님은 우리의 아빠 아버지이십니다. 우리 가운데 하나님의 영이 임하셨으므로 우리는 하나님을 '아버지'라고 부릅니다.

> 성령이 친히 우리의 영과 더불어 우리가 하나님의 자녀인 것을 증언하시나니 롬 8:16

우리 안에 계신 성령은 우리가 하나님의 자녀라고 계속해서 말씀하십니다. 실수하고 넘어져도 성령은 우리가 하나님의 자녀라고 말씀하십니다. 하나님이 우리를 얼마나 사랑하시는지 말씀해 주십니다.

마귀는 우리를 정죄합니다. 죄를 범했으므로 이제 하나님의 자녀가 아니라고 말합니다. 하나님이 우리를 받아 주지 않으실 것이라고 말합니다. 그래도 우리는 하나님 앞에 당당하게 나아가야 합니다.

자녀와 품꾼은 기도가 다릅니다. 자녀는 기도하며 주저할 이유가 없습니다. 우리는 하나님의 상속자입니다. 하나님은 자녀가 요구하는 것을 거절하시지 않습니다.

탕자의 비유에서 우리는 둘째 아들보다 아버지에게 초점을 맞추어야 합니다. 둘째 아들은 생각과 태도가 시시각각 달라지지만, 아버지는 한결같습니다. 아버지는 둘째 아들이 집으로 돌아오기를 기다렸습니다.

우리를 향한 하나님의 마음은 변하지 않습니다. 그분의 사랑은 변함없습니다. 우리는 하나님과의 관계를 변함없이 유지해야 합니다. 하나님은 자녀인 우리를 사랑하십니다. 하나님의 사랑을 받는다는 것은 놀라운 일입니다. 어떤 것도 하나님의 사랑에서 우리를 끊을 수 없습니다.

탕자의 비유를 보면, 세상은 둘째 아들을 거부했습니다. 둘째 아들도 자신을 거부했습니다. 그러나 아버지는 둘째 아들이 돌아오기를 애타게 기다렸습니다. 아버지는 둘째 아들을 그대로 받아 주었습니다. 한결같이 받아 주는 아버지가 있다는 것은 복입니다.

세상이 우리를 거부해도, 하나님은 우리를 거부하지 않으십니다. 하나님은 좋으신 아버지이십니다. 좋으신 하나님 아버지의 사랑을 받으며 사는 사람은 복 있는 사람입니다. 우리는 하나님 아버지의 사랑을 받아 누려야 합니다. 우리를 향한 하나님의 사랑은 끝이 없습니다. 풍성합니다.

> 하늘을 두루마리 삼고 바다를 먹물 삼아도
> 한없는 하나님의 사랑 다 기록할 수 없겠네
> – 찬송가 304장 "그 크신 하나님의 사랑"

> 소망이 우리를 부끄럽게 하지 아니함은 우리에게 주신 성령으로 말미암아 하나님의 사랑이 우리 마음에 부은 바 됨이니 롬 5:5

아낌없이 부어주시는 하나님의 사랑을 경험해야 합니다. 하나님의 사랑을 경험하는 것이 신앙생활의 핵심이요, 하나님의 자녀가 누리는 특권입니다. 하나님의 사랑은 매우 큽니다. 하나님의 사랑을 받은 사람은 그 사랑을 압니다. 하나님의 사랑을 아는 사람, 하나님의 자녀는 자신이 받은 사랑으로 하나님을 사랑합니다.

탕자의 비유에서 둘째 아들은 자신이 삶의 주인이 되고 싶었습니다. 그래서 아버지의 집을 떠났습니다. 그러나 둘째 아들은 삶의 주인이 될 수 없었습니다. 주인이 되기를 원했지만, 오히려 종이 되었습니다. 아들은 아버지에게 속해 있어야 합니다. 그럴 때, 참된 자유를 누릴 수 있습니다.

10장.

아버지 집이 아니라 아버지께 돌아오십시오

"이에 일어나서 아버지께로 돌아가니라…" 눅 15:20a

둘째 아들은 일어나 아버지의 집으로 향했습니다. 얼마 만에 아버지의 집으로 돌아갔는지는 알 수 없습니다. 둘째 아들이 아버지의 집을 향했다는 것이 중요합니다. 돌아간다는 것은 본래 있던 자리로 간다는 의미입니다. 그동안 둘째 아들은 본래 있던 자리에서 이탈했습니다. 마치 기차가 레일을 벗어난 것과 같았습니다.

탕자의 귀향

이 세상에는 두 종류의 사람이 있습니다. 하나님을 떠나는 사람과 하나님께로 돌아오는 사람입니다. 하나님을 떠난 사람이 하나님께로 돌아오는 길은 멀고 험합니다. 어떤 사람은 하나님께로 돌아오지 않고 삶이 끝납니다. 하나님을 떠난 삶은 저주입니다. 아무리 노력해도 허무하게 끝나 버립니다. 하나님을 떠난 사람은 살아 있어도 죽은 것과 같습니다.

둘째 아들은 아버지의 집을 떠나 먼 나라에 있었습니다. 몸만 멀리 떨어져 있었던 것이 아닙니다. 마음도 아버지와 멀어져 있었습니다. 그는 그곳에서 절망을 경험했습니다. 절망의 끝에서 아버지의 집을 생각했습니다. 둘째 아들은 아버지가 자신을 품꾼의 하나로 여겨 주시기를 바라며 집으로 향했습니다. 하지만 아버지의 집으로 완전히 돌아가는 것은 아닙니다. 그의 몸만 가는 것입니다. 생존의 어려움을 겪고 궁핍해지자 흉년을 피해, 배고픔을 해결하기 위해 아버지의 집으로 향하는 것입니다. 아버지의 아들로 돌아가기 위해 가는 것이 아닙니다. 먹고사는 문제를 해결하기 위해, 살기 위해 아버지의 집으로 향하는 것입니다.

아버지의 집을 떠난 둘째 아들은 살기 위해 전전긍긍했습니다. 항상 생존을 생각해야 했습니다. 그는 먹고사는 것만 해결된다면, 무엇이든 할 수 있다고 생각했을 것입니다. 그러나 둘째 아들은 어디에서도 만족할 수 없었습니다. 이것이 하나님을 떠난 사람의 모습입니다. 하나님을 떠난 사람은 생존만 생각합니다. 그러다 보니 자기가 아버지의 아들이라는 사실을 망각한 채 품꾼으로 살기로 결심합니다. 그는 생존을 위해, 아버지의 집으로 돌아간다는 쉽지 않은 결정을 내렸습니다.

둘째 아들에게는 아버지보다 생존이 더 중요했습니다. 그의 몸은 비록 아버지를 향해 가고 있지만 그가 진짜 원한 것은 아버지가 아닙니다. 아버지 집의 떡을 원했습니다. 아버지 집을 떠나던 그전과 크게 달라지지 않았습니다. 그에게는 아직 탕자의 성향이 있습니다. 먹고사는 것만 해결된다면, 아버지의 집보다 더 나은 곳을 향할 수 있습니다. 이것이 탕자의 삶입니다. 파격적으로 대우해 주는 곳이라면, 탕자는 신앙과 도덕성을 버리고서라도 갈 수 있습니다. 더 나은 조건과 환경을 제공하는 곳이라면, 탕자는 그곳이 아버지의 집이 아니라도 얼마든지 갈 것입니다. 그 인생의 결말이 어떠하겠습니까? 아버지와의 관계보다 물질을 더 중요하게 생각하는 사람은 얼마든지 다시금 탕자가 될 수 있습니다.

맏아들도 마찬가지입니다. 그 역시 아버지에게는 관심이

없고, 아버지의 소유에 관심이 있었습니다. 언뜻 보면 아버지를 위해 열심히 일하는 것 같고, 아버지를 위해 충성하는 것 같습니다. 그러나 그는 이해타산을 생각하며 일했습니다. 아버지의 맏아들과 둘째 아들은 모두 아버지에게는 관심이 없고, 아버지의 소유에 관심이 많았습니다.

이와 마찬가지로 하나님께는 관심이 없고 하나님이 주시는 것에만 관심이 있는 사람이 있습니다. 이것은 분별력의 문제입니다. 가격에 지나치게 몰두하면, 가치를 놓칠 수 있습니다. 살면서 이런 실수를 범할 때가 매우 많습니다. 돈을 지나치게 생각하다 보면, 돈보다 중요한 것을 잃을 수 있습니다. 분별력이 없으면, 합당하게 선택하거나 결정할 수 없습니다.

가치를 생각하기보다 가격을 생각하는 것이 낭비입니다. 참으로 가치 있는 것을 분별하지 못하면, 낭비를 막을 수 없습니다. 아버지의 집을 떠난 것은 낭비 중의 낭비입니다. 낭비하는 인생이 탕자의 인생입니다.

교회 안의 탕자

교회에서 열심히 봉사하는 사람은 많습니다. 그런데 하나님의 마음을 알고 봉사하는 사람은 많지 않습니다. 언뜻 보면 하나님을 위해 봉사하는 것 같지만, 자신의 유익을 위해 봉사하는 것일 수도 있습니다. 아버지의 마음을 전혀 알지 못했던 맏아들처럼, 하나님의 마음을 모른 채 열심히 일합니다. 하나님의 영광을 생각하기보다 자신의 영광과 유익을 생각한다면, 그것은 나의 비즈니스입니다. 심지어 목회도 비즈니스가 될 수 있습니다.

그래서 아버지와의 관계가 중요합니다. 그저 아버지 집으로만 돌아가기만 하는 것은 의미가 없습니다. 아버지와의 관계가 회복되어야 합니다. 왜 아버지의 집이 중요합니까? 아버지가 사는 집이기 때문입니다. 중요한 것은 아버지와의 관계입니다. 둘째 아들은 아버지와의 관계를 스스로 깨뜨렸습니다. 먼저 아버지와의 관계를 회복해야 합니다.

우리는 하나님과 원수 되었던 관계입니다. 하나님과의 관계를 회복하지 않으면, 무엇을 하든 의미 없습니다. 신앙의 핵심은 하나님 아버지와의 관계입니다. 하나님 아버지와의 관계가 깨어지면, 모든 것을 잃습니다.

> 네 보물 있는 그 곳에는 네 마음도 있느니라 눈은 몸의 등불이니 그러므로 네 눈이 성하면 온 몸이 밝을 것이요 눈이 나쁘면 온 몸이 어두울 것이니 그러므로 네게 있는 빛이 어두우면 그 어둠이 얼마나 더하겠느냐 마 6:21-23

왜 방황합니까? 눈이 어두워졌기 때문입니다. 눈이 어두워진 사람은 방황하며 살 수밖에 없습니다.

우리가 하나님께로 돌아오는 것은 단순히 교회 다니는 것을 의미하지 않습니다. 교회 열심히 다닌다고 해서 하나님께로 돌아왔다고 할 수는 없습니다. 교회 다니는 사람 중에는 하나님이 누구신지도 모르는 사람이 있습니다. 단순히 어려움을 해결하기 위해 교회 다니는 사람도 있습니다.

생존의 문제가 해결되기를 바라는 마음으로 새벽기도 열심히 다니며 응답 받기 위해 기도합니다. 그렇게 해서 문제가 해결되어도, 하나님을 만나지 못한다면 아무 의미가 없습니다. 물론 생존의 문제를 해결하는 것은 중요합니다. 그러나 하나님께 의지하지 않는 사람은 문제가 해결되는 순간 교회를 떠납니다.

오늘날 교회 안에 탕자가 있을 수 있습니다. 아버지의 집으로 돌아온 것은 맞습니다. 그런데 하나님과의 관계가 깊어지는 것을 거부합니다. 하나님과의 관계가 깊어져야 합니다. 하나님으로부터 주어지는 것을 누리려고 하기보다 하나님을 구해야 합니다.

둘째 아들이 실수한 것은 무엇입니까? 아버지의 재산 중에서 자신의 분깃을 가지고 먼 나라로 간 것입니까? 먼 나라에서 허랑방탕하게 살며 재산을 낭비한 것입니까? 둘째 아들의 가장 큰 과오는 아버지와의 관계를 깨뜨린 것입니다. 이보다 더 큰 반역은 없습니다. 가족 관계보다 더 중요한 것이 어디 있겠습니까. 아버지 집으로 돌아가는 것에서만 그치면 아버지를 놓칠 수 있습니다.

아버지의 품꾼으로 돌아가겠다니, 얼마나 초라한 생각입니까? 만약 그가 생각한 대로 아버지의 집 품꾼의 하나가 된다면, 과연 행복할 수 있겠습니까? 품꾼은 헛간에서 자야 합니다. 아버지의 방에 마음대로 들어갈 수 없습니다. 부엌에서 냉장고 문을 마음대로 열 수 없습니다. 주인의 눈치를 보아야 합니다. 품꾼에게는 자유가 없습니다. 둘째 아들이 아버지의 집에서 품꾼의 하나가 된다면, 돌아온 것이 의미 없습니다. 그는 아버지께로 돌아와야 합니다. 마음을 아버지께로 돌이켜야 합니다. 그는 아버지의 아들로서 신분을 회복해야 합니다.

아들은 거실은 물론이요, 안방에도 마음대로 들어갈 수 있습니다. 편안한 방에서 잡니다. 냉장고를 마음대로 열 수 있을 뿐 아니라, 그 안에 있는 것을 마음대로 먹을 수 있습니다. 아버지와 함께 식탁에 앉습니다. 품꾼에게 양식이 풍족하다 한들 주인의 아들과 비교할 수 있겠습니까? 아들은 품꾼이 먹는 빵을 먹는 것으로 만족해서는 안 됩니다.

교회 다니는 것으로 만족하십니까? 주일 예배에 출석하는 것으로 만족하십니까? 하나님과의 거리를 적당히 유지하며 세상과 교회 사이를 오가는 사람은 놓치는 것이 많습니다. 오늘날 교회 다니면서도 우울해하는 사람이 많습니다. 하나님께로 온전히 돌아가야 합니다. 하나님의 자녀로 돌아가야 합니다. 교회 안에서 하나님의 품꾼으로 만족해서는 안 됩니다. 바닥에 떨어진 부스러기로 만족해서는 안 됩니다. 우리는 하나님의 자녀가 되어야 합니다. 하나님의 자녀에게 주어지는 권세를 마음껏 누려야 합니다.

인생은 하나님 아버지께로 돌아가는 여정입니다. 둘째 아들은 아버지의 집으로 돌아오기까지 시간이 많이 걸렸습니다. 우리도 마찬가지입니다. 우리는 하나님을 벗어날 때가 많습니다. 하나님께로 돌아오기까지 시간이 걸립니다. 멀고 먼 길을 돌고 돌아 오는 사람도 있습니다.

아버지께로 돌아왔다고 생각하는데, 몸만 돌아왔을 뿐, 마음은 여전히 아버지의 집을 떠나 있는 사람도 있습니다. 아버지께 반항하는 성향이 남아 있습니다. 세상을 그리워합니다. 세상에 미련을 갖고 있습니다. 언제라도 세상으로 돌아가려고 합니다. 세상에서 나쁜 짓을 다 한 후에 아버지께로 돌아가려고 합니다.

사람은 계속해서 반역하고 싶어 합니다. 하나님을 의지하지 않고도 살 수 있는 세상을 꿈꿉니다. 그래서 몸만 교회에 등록하고 마음은 여전히 세상에 있습니다. 주일이 되면 몸은 교회에 와서 앉아 있지만, 마음은 세상에 있습니다. 날씨가 좋은 날, 교회에 앉아 있는 것을 안타깝게 생각합니다. 아버지께로 돌아가는 것은 쉽지 않습니다.

자녀를 키워보면 알 수 있습니다. 사춘기를 맞은 아이는 반항합니다. 자기만의 세상을 꿈꿉니다. 자아를 실현하고 싶어 합니다. 그렇게 되면 부모를 불편하게 생각합니다. 사춘기를 맞으면, 정체성의 혼란을 겪습니다. 내가 누구인지 알지 못합니다. 자신이 왜 그렇게 행동하는지도 알지 못합니다. 집에 있으려고 하기보다 집 밖으로 돌아다니려고 합니다.

구약학자 월터 브루그만(Walter Brueggemann)은 신앙의 세 가지 과정을 말했습니다. 첫째, 영적 출발기입니다. 이때는 방향이 정해지지 않은 시기입니다. 그러나 굉장히 적극적입니다. 무엇이든 열심히 합니다. 그러나 아직은 영적 출발 단계입니다. 아무것도 형성되어 있지 않습니다. 방향을 모르니 어디로 가야 하는지도 모릅니다. 그런데 그저 열심히 합니다. 둘째, 영적 시련기입니다. 방향이 어긋나기 시작합니다.

영혼의 밤을 경험합니다. 자신이 기대한 대로 되지 않을 때, 사람들은 회의를 느끼고 영적으로 씨름합니다. 신앙적으로 방황하기 시작합니다. 마귀의 공격을 받아 시험을 겪기도 합니다. 그래서 '제대로 가고 있는가, 잘못된 것은 아닌가'라고 생각합니다. 셋째, 영적 회복기입니다. 절망했지만 다시 소망을 품습니다. 영적 방황이 끝나고 이때부터 영적으로 회복하기 시작합니다.

둘째 아들은 그동안 삶의 방향을 알지 못하여 방황했습니다. 아버지의 집을 떠나 엉뚱한 곳, 먼 나라로 갔습니다. 그런데 이제 그는 삶의 방향을 찾았습니다. 자신이 어디에 있어야 하는가를 깨달았습니다. 그는 아버지의 집을 향했습니다.

삶은 집으로 돌아가는 여정이라고 할 수 있습니다. 우리는 집을 떠난 나그네입니다. 우리는 천성을 향해 나아갑니다. 천성을 향해 가는 여정 속에서 많은 사람을 만납니다. 다양한 사건과 위기를 겪습니다. 집으로 돌아가는 과정이 만만하지 않습니다. 때로는 길을 잃을 수도 있습니다.

유아기, 유년기, 청소년기, 청년기, 성인기, 노년기 등, 인생에도 단계가 있습니다. 당신은 지금 어느 단계입니까? 영적 사춘기가 있습니다. 영적으로 사춘기를 맞이하면 자신이 누구인지, 자신이 어디로 가는지 알지 못합니다. 어디로 가야 할지를 알지 못하기 때문에 영적으로 방황합니다. 하나님을 깊이 만나기 전까지 계속 방황합니다.

그러나 목표가 분명하면, 방황할 이유가 없습니다. 하나님 아버지께로 귀의하는 것이 관건입니다. 하나님을 의지해야 합니다.

인생의 관건은 하나님께 돌아가는 것

천성을 향해 가는 길은 직선이 아닙니다. 때로는 미로와 같은 길을 경험합니다. 앞으로 갈 때도 있고, 뒤로 갈 때도 있습니다. 길에서 이탈하기도 합니다. 우리 안에는 죄성이 있습니다. 우리는 아버지의 집으로 가지 않으려고 합니다. 하나님으로부터 벗어나려고 합니다. 하나님을 반역하려고 합니다.

C.S. 루이스는 30세까지 무신론자였습니다. 가족, 학교 등 기독교 환경 속에 자랐으나, 그는 하나님을 믿지 않으려고 했습니다. 그러니 그는 최고의 지성을 갖춘 무신론자였습니다. 그는 하나님을 믿지 않는 이유가 분명했습니다. 그런데 그토록 자신만만했던 그가 불현듯 하나님에 대한 반항을 끝냈습니다. 그는 자신이 하나님께 항복한 날을 회상하며 글을 썼습니다.

“1929년 마지막 학기에 나는 하나님께 항복했다. 하나님을 하나님으로 인정하고, 하나님 앞에 무릎을 꿇었다. 그날 밤, 아마 나는 영국에서 가장 풀이 죽은 회심자였을 것이다.”

사춘기 소년이 어쩔 수 없이 부모에게 항복한 것처럼 느껴집니다. 그 후 C.S. 루이스는 머리로만 하나님의 존재를 믿은 것이 아니라 마음으로 하나님을 믿었습니다. 그가 쓴 글은 오늘날까지도 많은 사람에게 영향을 끼치고 있습니다.

우리는 영적 여정 가운데 있습니다. 우리는 아버지의 집으로 돌아가는 것이 아니라, 아버지께로 돌아가야 합니다. 종교의 형식을 따르는 것은 중요하지 않습니다. 교회만 다니는 것은 중요하지 않습니다. 하나님 아버지께로 마음을 완전히 돌이켜야 합니다. 이것을 ‘회심’이라고 합니다. 교회 다니지만 회심하지 않은 사람은 계속 방황할 수밖에 없습니다.

회심은 히브리어로 ‘슈브(שׁוּב)’입니다. 돌아서는 것, 되돌아오는 것, 도로 찾는 것, 회복하는 것을 의미합니다. 슈브는 종교를 갖는다는 의미가 아닙니다. 마음을 바꾸는 것, 마음을 다하여 하나님께로 돌아가는 것을 의미합니다. 회심은 헬라어로 ‘메타노에오(μετανοέω)’입니다. 방향을 전환하는 것을 의미합니다. 경로를 이탈한 상태에서 본래의 방향을 찾아가는 것을 의미합니다. 사람은 에덴동산에서부터 경로를 이탈했습니다. 방향을 전환해야 합니다. 방향을 전환하는 것이 회심입니다.

회심은 새롭게 시작하는 것입니다. 살면서 한 번은 반드시 방향을 전환해야 합니다. 인생을 전면적으로 수정해야 합니다. 출발하는 것이기 때문에 과정이 있습니다. 반드시 회심해야 합니다.

회심은 하나님께로 돌아가는 것입니다. 회심은 선택이 아니라 필수입니다. 하나님께로 반드시 돌아가야 합니다. 하나님께로 돌아가는 것은 하나님께로 마음을 돌이키는 것입니다. 이보다 중요한 것은 없습니다.

회심은 몸의 문제가 아니라 마음의 문제입니다. 오랫동안 교회 다녔는데 변화되지 않았다면 회심했는가를 확인해야 합니다. 회심하지 않으면, 방향을 전환하지 않으면, 변화되지 않습니다. 오히려 더 나빠질 수 있습니다.

회심한 사람이 신앙생활을 하며 갈등합니다. 회심하지 않은 사람은 신앙생활을 하며 갈등하지 않습니다. 회심하지 않으면, 성화될 수 없습니다. 복음주의 신학자 데이비드 웰스(David Wells)는 "회심 없는 기독교는 더 이상 기독교가 아니다"라고 단호하게 말했습니다. 회심하지 않는 사람은 더 이상 신자가 아닙니다. 사람은 죄로 인해 하나님과의 관계가 단절되었습니다. 죄를 범한 사람은 하나님을 거부하고, 자신이 주인이 되어 살아갑니다. 하나님을 떠났던 사람은 반드시 회심해야 합니다.

과거에 둘째 아들은 아버지의 집을 떠나려는 욕망이 매우 강했습니다. 그것은 아담의 원죄에서 비롯된 것입니다. 하나님 없이도 살 수 있을 것이라고 생각하는 것은 악한 생각입니다. 죄성에서 비롯된 강력한 의지입니다. 그러나 사람은 하나님으로부터 벗어날 수 없습니다. 둘째 아들이 스스로 아버지의 집으로 돌아가는 것처럼 보입니까? 그러나 그것은 어쩔 수 없는 선택이었습니다. 다른 길이 없었기 때문입니다.

당시는 부족사회였습니다. 아버지께 불효하는 사람은 동네 사람들이 돌로 쳐 죽였습니다. 그러니 아버지께 무례하게 행동했던 둘째 아들이 돌아오는 것을 동네 사람들이 본다면, 그를 가만히 두지 않을 것입니다. 아버지의 품꾼이 되는 것은 고사하고 맞아 죽는 것은 아닌지 의문스러웠을 것입니다.

둘째 아들은 이제 자신에게 무슨 일이 일어날지 알 수 없습니다. 기대감보다는 불안한 마음이 더 큽니다. 그런데 그의 여정에 반전이 일어납니다. 하나님이 우리를 위해 준비하신 것은 매우 큽니다. 우리가 선택하고 결정하는 것과 비교할 수 없습니다.

둘째 아들은 만신창이가 되어 아버지의 집으로 돌아왔습니다. 그러나 아버지는 그를 아들로 받아 줍니다. 아버지는 많은 것을 준비해 놓고 기다립니다. 아버지가 아들을 위해 준비해 놓은 것은 상상을 초월합니다. 하나님께 마음을 돌이킬 때, 하나님은 하나님의 마음을 감추지 않으십니다. 아낌없이 드러내십니다.

11장.

아버지는 한 번도 잊은 적이 없습니다

"… 아직도 거리가 먼데 아버지가 그를 보고 측은히 여겨 달려가 목을 안고 입을 맞추니" 눅 15:20b

하나님을 떠난 사람은 방황합니다. 에덴동산을 벗어난 아담의 후예는 모두 유랑자입니다. 마치 집이 없는 사람과 같습니다. 아버지를 거부한 삶의 결과는 참혹합니다. 이민을 가든, 이사를 하든, 승진하고 출세해도 유랑자입니다. 마음 둘 곳이 없습니다. 계속해서 방황하다가 삶이 망가집니다.

둘째 아들은 아버지의 집을 떠나 살았습니다. 그의 삶은 한없이 추락했습니다. 이제 둘째 아들은 아버지의 집으로 돌아갑니다. 이것이 인생의 모습입니다. 인생은 하나님께로 가는 여정입니다. 그런데 아버지의 집으로 돌아가는 것은 한 순간에 일어나는 것이 아닙니다. 전 생애가 소요되기도 합니다.

우리는 아버지의 집으로 돌아가는 둘째 아들에게 초점을 맞추기보다는 둘째 아들이 돌아오기를 애타게 기다리는 아버지에게 초점을 맞추고 생각해야 합니다. 기다리는 아버지가 없으면, 아들이 돌아오는 것은 의미 없습니다. 아버지의 집이 있고, 아들을 기다리는 아버지가 있기 때문에 둘째 아들이 집으로 돌아오는 것은 의미 있습니다.

사랑하기 때문에 보이는 것

탕자의 비유에서 주인공은 아버지입니다. 아들이 아버지의 집으로 돌아오는 것에 초점을 맞추면, 핵심을 놓칠 수 있습니다. 둘째 아들이 아버지의 집을 떠난 후에 아버지의 모습이 어떠했을지 생각해 보아야 합니다. 본문에는 집을 떠난 둘째 아들에 대한 아버지의 마음이 기록되어 있지 않습니다. 우리는 아버지가 어떤 분인지 알 수 없습니다. 그러나 탕자의 비유 앞부분에서 둘째 아들에게 수동적이었던 아버지의 모습을 통해 아버지가 어떤 분인지 짐작할 수 있습니다.

둘째 아들이 아버지의 재산 중에서 자신의 분깃을 요구했을 때, 아버지는 선뜻 내주는 듯했습니다. 이때 아버지의 모습은 무기력해 보입니다. 그리고 둘째 아들이 아버지의 집을 떠난 후에도 아버지는 특별하게 행동하지 않았습니다. 둘째 아들에게 무관심한 듯합니다. 다만 우리는 둘째 아들로 인해 아버지가 상심했을 것으로 추측할 수 있습니다. 때로는 분노했을 것이고, 때로는 슬퍼했을 것입니다.

마침내 둘째 아들이 아버지의 집으로 돌아옵니다. 집으로 돌아오는 둘째 아들을 누가 먼저 목격했을까요? 만약 동네 사람이 먼저 발견한다면, 문제가 커질 수 있습니다. 고대사회는 부족사회입니다. 한 가정에서 문제가 발생하면, 공동체적으로 문제를 다루었습니다. 부족사회에서 아버지에게 불효하는 것은 개인의 이야기로 끝나지 않습니다. 둘째 아들이 돌아오는 것을 동네 사람이 알게 되면, 그는 아버지에게 무례하게 행동한 것으로 인해 마을 원로들의 모임에서 재판을 받아야 합니다. 그러면 복잡해집니다.

만약 집으로 돌아오는 둘째 아들을 맏아들이 발견했다면 어떻게 되었을까요? 탕자의 비유에서 맏아들은 심판자의 이미지를 갖고 있습니다. 매몰찹니다. 동생을 본 맏아들은 동생에게 "너는 아버지의 집으로 돌아올 자격이 없어. 여기가 어디라고 오는 거야? 집안을 또다시 풍비박산 되게 하려고 왔어?"라고 말하며 동생을 마구 비난했을 것입니다. 맏아들은 비참한 모습으로 돌아오는 동생을 더욱 비참하게 만들었을 것입니다. 어쩌면 둘째 아들은 아버지의 집으로 돌아가지 못하고 다시 돌아섰을 것입니다.

맏아들에 대한 선입견 없이 탕자의 비유를 읽으면, 그의 말과 행동 중에 틀린 것이 없는 듯합니다. 아버지가 둘째 아들을 받아들이는 것은 말이 되지 않습니다. 맏아들이 생각하기에 둘째 아들은 집으로 돌아오면 안 되는 사람이었습니다. 자기 의로 충만한 사람의 눈에 둘째 아들은 용납할 수 없는 죄인으로 보였습니다.

둘째 아들은 아버지의 집을 향했지만, 그는 아버지 앞에 설 용기가 없었습니다. 그리고 아버지 앞에 당당하게 내어놓을 것이 전혀 없었습니다. 무엇보다 몰골이 엉망이었습니다. 둘째 아들은 쥐구멍에라도 들어가고 싶었을 것입니다. 그의 자존감은 바닥났습니다. 아버지의 집으로 돌아오면서도 둘째 아들은 계속 주저했을 것입니다. 아버지께 손을 내밀기에는 자신이 지은 죄가 매우 컸습니다. 아버지를 반역했다는 생각에 위축되었습니다. '과연 아버지가 나를 받아 주실까'라고 생각했을 것입니다. 만약 아버지가 받아 주지 않아도, 아버지를 비난할 사람은 없었을 것입니다.

둘째 아들이 아버지의 집으로 돌아오는 길은 참으로 험난했습니다. 모든 것이 불확실했습니다. 아버지의 집에서 무슨 일이 일어날지 아무도 모릅니다. 그러나 그는 더 이상 피할 곳이 없었습니다. 갈 곳도 없었습니다. 그의 선택지는 하나였습니다. 둘째 아들은 아버지의 집을 향해 갔습니다.

마침내 둘째 아들은 마을 어귀에 들어섰습니다. 아버지의 시야에 둘째 아들의 모습이 들어오기 시작했습니다. 그 모습을 아버지가 가장 먼저 보았습니다. 둘째 아들이 아버지를 보기 전에 아버지가 먼저 보았습니다.

우리는 여기서 깊이 묵상해야 합니다. 행간을 읽어야 합니다. 말씀 속으로 깊이 들어가야 합니다. 하나님의 마음을 읽어야 합니다. 한 가정에서 아버지의 마음을 이해하는 것도 쉽지 않습니다. 그런데 하나님의 마음을 우리가 어떻게 알 수 있겠습니까. 하나님의 마음을 읽는 것은 결코 쉽지 않습니다. 그 마음을 다 헤아렸다간 정신을 잃을 수도 있습니다.

둘째 아들은 왜 아버지의 집을 떠나 먼 나라에서 탕자로 살았습니까? 아버지의 마음을 알지 못했기 때문입니다. 왜 우리는 세상 속에서 방황하며 삽니까? 아버지가 누구신지 알지 못하기 때문입니다. 그러나 하나님 아버지를 아는 사람은 다릅니다.

본문은 우리의 마음을 흔듭니다. 둘째 아들이 마을 어귀에 들어섰을 때는 해가 지고 어두워지기 시작할 때였을 것입니다. 사물을 쉽게 분별하기 어려운 시간입니다. 그런데 그와중에 아버지는 아들을 정확히 알아봅니다. 관심이 있는 사람에게만 보이는 것이 있습니다. 사랑은 곧 관심입니다. 시력으로 보는 것이 아니라 관심으로 보는 것입니다. 사랑하는 사람은 다른 사람이 보지 못하는 것을 봅니다. 다른 사람의 눈에는 보이지 않는데, 사랑하는 사람에게는 보입니다. 사랑이 그것을 보게 합니다. 사랑이 눈뜨게 합니다.

어쩌면 아버지는 버릇처럼 그곳을 봤을지 모릅니다. 둘째 아들이 집을 떠난 그날부터 지금까지, 하루도 빠지지 않고 같은 시간 같은 장소에서 그곳을 응시했을 것입니다. 그날도 아버지의 기다림은 오랜 시간 이어졌을 것입니다. 둘째 아들이 집으로 돌아올 때까지 아버지의 시선은 한곳에 고정되어 있었을 것입니다. 한곳을 집중해서 보는 것은 쉽지 않습니다. 둘째 아들은 아버지의 마음속에 늘 있었습니다. 아버지는 '혹시 오늘 오지 않을까?'라고 생각하며 마음과 시선을 한곳에 집중했습니다. 둘째 아들은 아버지를 떠났지만, 아버지는 둘째 아들을 떠나보낸 적 없습니다.

하나님의 우리를 향한 기다림도 그러합니다. 오래 전부터 우리를 기다리셨습니다. 우리가 돌아오기 전에 하나님은 이미 우리를 애타게 기다리고 계셨습니다. 우리가 하나님을 찾은 것이 아니라, 하나님이 우리를 찾아오셨습니다. 하나님은 오래전부터 우리를 알고 계셨고, 우리가 하나님을 찾기를 기다리셨습니다.

둘째 아들을 기다리는 것이 아버지의 일상이 되었습니다. 세월이 흘렀습니다. 기다리는 시간이 길어지면 포기하고 싶어집니다. 포기할 수도 있습니다. 그러나 아버지는 포기할 수 없었습니다. 자신의 아들이기 때문입니다. 사랑하는 사람은 포기하지 못합니다. 그 포기하지 않는 마음이 있었기 때문에 마을 어귀에 들어선 아들을 아버지가 가장 먼저 발견할 수 있었습니다. 사랑하는 사람의 눈은 피할 수 없습니다.

아버지의 바람은 탕자가 돌아오는 것

누가복음 15장을 보면, 예수님은 세 가지 비유를 말씀하셨습니다. 3-7절은 잃은 양을 찾은 목자의 비유를 말씀하셨습니다. 8-10절은 잃은 드라크마를 찾은 여인의 비유를 말씀하셨습니다. 그리고 11-32절에서 예수님은 잃은 아들을 되찾은 아버지의 비유를 말씀하셨습니다. 예수님은 세 가지 비유를 통해 하나님 아버지의 마음을 말씀하셨습니다. 잃어버린 영혼을 향한 하나님의 마음은 매우 뜨겁습니다. 세 가지 비유를 통해 우리는 하나님이 우리를 얼마나 사랑하시는가를 깨닫습니다.

사랑하는 사람은 포기하지 않습니다. 사랑하는 사람은 기다립니다. 기다리는 것은 어렵고 힘듭니다. 그렇기에 사랑하는 사람은 그냥 기다리지 않습니다. 고통하며 기다립니다. 마음 아파하며 기다립니다.

돌아와 돌아와 해가 질 때까지
기다리고 계신 우리 아버지께
집을 나간 자여 어서 와 돌아와 어서 와 돌아오라
- 찬송가 525장, "돌아와 돌아와"

어서 돌아오오 어서 돌아만 오오
우리 주는 날마다 기다리신다오
밤마다 문 열어놓고 마음 졸이시며
나간 자식 돌아오기만 밤새 기다리신다오
-찬송가 527장, "어서 돌아오오"

하나님은 기다리시고 기다리십니다. 하나님은 우리가 하나님을 알기도 전에 우리를 기다리셨습니다. 지금도 하나님은 한 영혼이 돌아오기를 기다리십니다. 하나님은 죄인이 돌아와 품에 안길 때까지 포기하지 않고 기다리십니다. 따라서 우리도 전도할 때에 쉽게 포기해서는 안 됩니다.

아버지가 누군지 모르면 둘째 아들에게 순순히 분깃을 내주었을 때 왜 자식을 유기하느냐고 되물을 수 있습니다. 왜 이 비극을 막기 위해 아무 조치를 하지 않았느냐고 따질 수 있습니다. 그렇게 아들을 보내고 마냥 기다리기만 하는 아버지더러 왜 그렇게 수동적이냐고 비난할 수 있습니다. 그러나 아버지는 결코 수동적인 사람이 아닙니다. 기다리는 것은 매우 적극적인 행위입니다. 기다리다 보면 지쳐서 포기하고 싶습니다. 그러나 아버지는 그러지 않았습니다. 아들이 돌아오기만을 기다리고 또 기다렸습니다. 우리를 향한 하나님의 마음이 이렇습니다. 하나님은 우리를 구원하기 원하십니다. 하나님은 우리의 구원에 모든 것을 맞추십니다.

탕자의 비유에 등장하는 아버지는 약해 보입니다. 그러나 결코 약하지 않습니다. 오랜 세월 동안 고통하며 견뎌낸 아버지는 강인합니다. 둘째 아들이 아버지의 집을 떠났을 때, 만일 아버지가 그를 잊고 마음에서 그를 지워 버렸다면, 이

토록 애타게 기다릴 필요가 없습니다. 마음 아파할 이유도 없습니다. 그러나 아버지는 둘째 아들이 돌아오기를 간절히 기다렸습니다. 아버지는 둘째 아들에게 물리적 힘을 행사하지 않았습니다. 물리적으로, 강압적으로 돌아오게 하는 것은 위험합니다.

드디어 아버지는 둘째 아들이 집을 향해 걸어오는 것을 발견했습니다. 아버지는 그를 측은히 여겼습니다. 그를 향해 달려갔습니다. 여기서 '달려가다'는 말은 헬라어로 '트레코(τρέχω)'입니다. 이것은 경기장에서 사용하는 용어입니다. 아들을 발견한 아버지는 그저 서둘러 달려간 것이 아닙니다. 마치 육상선수가 전력 질주하듯 달려갔습니다. 중동에서는 나이 든 어른은 웬만해서는 달리지 않습니다. 위엄 있게 천천히 걷습니다. 아무리 급한 일이 있어도 뛰지 않습니다. 어른이 뛰는 것은 창피한 일입니다. 그러니 탕자의 비유에 등장하는 아버지는 뛰어 본 적이 한 번도 없었을 것입니다. 지금 아버지는 둘째 아들을 향해 달려갑니다. 전력 질주합니다.

집으로 돌아오는 둘째 아들을 향해 달려가는 아버지의 모습에서 하나님을 발견할 수 있습니다. 하나님은 우리를 향해 달려오십니다. 우리가 하나님께로 달려가는 것이 아닙니다. 하나님이 우리를 향해 전력질주하여 달려오십니다.

이탈리아에 있는 시스틴박물관의 천장에 보면, 미켈란젤로가 그린 그림 "아담의 창조(The Creation of Adam)"가 있습니다. 그림 속에서 하나님은 아담을 향해 손을 내밀고 계십니다. 그런데 아담은 하나님을 향해 손을 내밀고 있지만, 표정이 애매합니다. 마치 하나님께 가고 싶지 않아 보입니다. 죄를 지은 인간의 마음을 잘 표현한 그림이라고 할 수 있습니다.

집으로 돌아오는 둘째 아들의 모습과 아버지의 모습이 대조됩니다. 둘째 아들은 거지의 모습이었습니다. 동네 사람들이 그를 알아볼 수 없을 만큼 초라했습니다. 그러나 그는 아버지에게 매우 사랑스러운 아들이었습니다. 그래서 아버지는 집으로 돌아오는 둘째 아들을 향해 전력 질주했습니다. 아버지는 숨이 가빴을 것입니다.

아들을 향해 달려가는 아버지의 모습이 동네 사람들의 눈에는 어떻게 보였을까요. 동네 사람들은 아버지가 제정신이 아니라고 생각했을 것입니다. 아버지 얼굴에 먹칠하고 재산을 들고 도망갔던 아들입니다. 그래놓고 탕자가 되어서 초라한 모습으로 돌아왔습니다. 예쁠 구석이 없습니다. 그러나 아버지는 그런 아들을 향해 환희에 찬 얼굴로 달려갔습니다. 아들의 모습이 어떠하든 아버지는 상관없습니다. 아들이 집으로 돌아온 것만으로 아버지는 만족했습니다.

탕자의 비유에 등장하는 아버지의 모습에서 우리는 성육신하신 예수님의 모습을 볼 수 있습니다. 하나님이 사람이 되셔서 이 세상에 오셨습니다. 죄인의 모습으로 이 세상에 오셨습니다. 십자가에 못 박혀 죽으셨습니다. 하나님의 사랑은 신비입니다. 하나님의 사랑은 눈부십니다. 하나님의 사랑을 경험한 사람은 경탄하지 않을 수 없습니다.

어머니의 눈물을 본 자녀는 변하지 않을 수 없습니다. 아버지의 거친 숨소리를 들은 자녀는 달라지지 않을 수 없습니다. 그런데 하나님의 사랑은 부모의 사랑과 비교할 수 없습니다. 둘째 아들을 향해 달려가는 아버지의 모습에서 인류를 향한 하나님의 사랑을 느낄 수 있습니다. 하나님의 사랑은 신비이며 경이입니다.

누가복음 19장에는 삭개오가 등장합니다. 예수님의 얼굴을 보겠다고 나무에 오른 삭개오에게 예수님은 "삭개오야 속히 내려오라 내가 오늘 네 집에 유하여야 하겠다"(눅 19:5-6) 하십니다. 이것은 예수님이 삭개오를 향해 가고 싶다는 의미입니다. 예수님은 급하셨습니다. 지체하실 수 없었습니다. 예수님이 말씀하신 대로 삭개오는 나무에서 급히 내려왔습니다.

둘째 아들이 아버지의 집을 떠난 후에도 아버지의 마음은 변함없었습니다. 아무리 불효를 저질러도 그는 아버지에게는 아들입니다. 방탕하게 살아도, 무슨 짓을 해도 아버지의 아들이었습니다. 아버지는 둘째 아들을 포기하지 않았습니다. 사랑하는 사람은 포기할 줄 모릅니다.

예수님은 "세상에 있는 자기 사람들을 사랑하시되 끝까지 사랑하시니라"(요 13:1)라고 말씀하십니다. 우리를 향한 하나님의 사랑은 끝이 없습니다. 하나님은 우리를 사랑하시되 끝까지 사랑하십니다. 우리는 신앙생활하면서 하나님의 사랑을 알아 가야 합니다. 하나님의 마음을 알아 가야 합니다. 아버지께로 가야 합니다.

맏아들의 착각

맏아들은 아버지께 "내가 여러 해 아버지를 섬겨 명을 어김이 없거늘 내게는 염소 새끼라도 주어 나와 내 벗으로 즐기게 하신 일이 없더니"(눅 15:29)라고 말합니다. 사는 동안 율법을 어긴 적 없이 잘 지켜 왔다고 당당하게 주장하는 바리새인의 모습과 같습니다. 맏아들은 일을 열심히 하는 것이 아버지의 명이라고 생각했습니다. 아버지께서 명한 대로 하는 것이 중요하다고 생각했습니다.

그런데 아버지의 일을 열심히 하는 것보다 중요한 것은 아버지의 마음을 아는 것입니다. 아버지는 집을 떠난 둘째 아들이 돌아오기를 바랐습니다. 아버지는 둘째 아들이 돌아오기를 애타게 기다렸습니다. 이런 아버지의 마음을 맏아들은 전혀 알지 못했습니다. 알려고 하지도 않았습니다. 그러고도 맏아들은 자신이 아버지의 명을 어기지 않았다고 자신 있게 말했습니다. 이것은 모순입니다.

우리는 하나님의 마음을 알아야 합니다. 하나님의 마음을 아는 것이 중요합니다. 아버지의 마음을 알지 못한 채 열심히 하는 것은 아버지의 가슴에 흉기를 들이대는 것과 같습니다. 과연 누가 탕자입니까? 아버지의 마음을 알지 못한 채 사는 아들이 탕자입니다. 하나님의 사랑을 알지 못한 채 살아가는 사람이 탕자입니다.

아버지께로 돌아오는 것은 아버지의 아들로 돌아오는 것입니다. 아버지의 사랑을 받는 아들로 돌아오는 것입니다. 하나님 아버지께는 하나님이 사랑하시는 아들, 하나님 아버지의 사랑을 받는 아들만 있습니다. 자신이 아버지의 사랑을 받는 아들이라는 것을 깨닫는 순간, 아들은 더 이상 방황하지 않습니다.

예수님이 요한에게 세례를 받으시고 물에서 올라오셨을

때, 하나님이 "이는 내 사랑하는 아들이요 내 기뻐하는 자라"(마 3:17)고 말씀하셨습니다. 우리도 그 음성을 들어야 합니다. 하나님은 우리를 사랑하십니다. 우리는 하나님을 가리켜 '사랑의 하나님'이라고 말합니다. 사랑의 하나님을 찬양합니다. 우리는 하나님의 사랑을 느끼며 살아야 합니다.

우리는 돌아갈 집이 있습니다. 기다리는 아버지가 계십니다. 아버지는 문을 활짝 열어 놓고 우리를 기다리십니다. 우리는 아버지의 집으로 돌아가야 합니다. 하나님 아버지의 사랑을 깊이 경험해야 합니다. 하나님은 나보다 나를 더 사랑하십니다. 하나님의 사랑보다 큰 사랑은 없습니다. 하나님의 사랑을 경험한 사람은 시련과 고난이 있어도 넉넉히 이깁니다.

Part 4.

완전한 용서

12장.

하나님은 우리의 모든 수치를 가리십니다

"… 아버지가 그를 보고 측은히 여겨 달려가 목을 안고 입을 맞추니" 눅 15:20b

불효자의 타이틀을 달고, 온갖 죄책감과 자격지심, 수치심을 가득 안고, 둘째 아들은 아버지 집으로 갔습니다. 그는 아버지가 자신을 어떻게 받아 주실지 의문스러웠을 것입니다. 둘째 아들은 아버지가 자신을 용서해 주실지 궁금했을 것입니다. 집으로 돌아가는 것보다 아버지의 용서를 받는 것이 더 중요했습니다. 만일 아버지가 용서하지 않으시면, 집으로 돌아가는 것이 의미 없습니다.

용서에 대한 두 가지 관점이 있습니다. 첫째, '하나님이 내가 지은 죄를 용서해 주실까'라고 생각하는 것입니다. 하나님이 용서해 주실지 의문스럽습니다. 사람은 죄인입니다. 사람의 내면에는 죄책감과 수치심이 있습니다. 교회에 다니지만 죄책감과 수치심으로부터 자유롭지 못합니다. 자신이 과연 용서 받을 수 있을지 의문을 갖고 살아갑니다. 문득 자신이 지은 죄가 생각나면 견디기 힘들어합니다.

둘째, 자신이 착하고 의롭게 살았기 때문에 하나님이 자신을 받아 주실 것이라고 생각하는 것입니다. 맏아들이 이런 유형이었습니다. 맏아들은 자신이 의롭다고 생각했습니다. 그러나 둘째 아들은 지은 죄가 많았습니다. 자신도 그것을 알았습니다. 그래서 아버지께서 자신을 용서해 주실지 의문스러웠습니다. 둘째 아들은 죄를 용서받아야 아버지의 집에 들어갈 수 있습니다.

그런데 맏아들의 관점으로 보면, 둘째 아들은 용서받을 수 없는 죄인입니다. 용서받으면 안 됩니다. 맏아들은 둘째 아들을 받아준 아버지께 분노했습니다. 설령 둘째 아들이 돌아오더라도 아버지로부터 받았던 재산을 다시 내놓아야 합니다. 다시 내놓을 수 없다면, 그만큼 노동해야 합니다. 이것이 일반적인 생각입니다. 이것이 바리새인들이 가진 율법주의

적 관점입니다. 죄를 지었으면 죗값을 치러야 합니다. 용서 받더라도 죗값은 치러야 합니다.

조건 없는 완전한 용서

아버지와 둘째 아들이 마주쳤을 때, 아버지가 어떻게 반응했는가가 중요합니다. 아버지의 반응을 통해 아버지의 마음이 어떠한가를 알 수 있습니다. 아버지는 집으로 돌아오는 둘째 아들을 보고 달려가 목을 안고 입을 맞추었습니다. 이것은 완전한 용서를 의미합니다. 아버지는 둘째 아들을 적극적으로 받아들였습니다. 이를 통해 그가 아버지의 사랑 받는 아들인 것을 알 수 있습니다.

일반적으로 사람들은 죄를 지은 사람을 쉽게 받아 주지 않습니다. 사람들은 따집니다. 많은 것을 확인하려고 합니다. 이것이 세상에서 흔히 볼 수 있는 모습입니다. 그러나 아버지는 둘째 아들에게 아무것도 묻지 않았습니다. 아버지는 둘째 아들을 이미 용서했기 때문입니다. 아버지는 둘째 아들을 무조건 용서했습니다. 이것이 복음입니다.

둘째 아들은 흠이 매우 많았습니다. 우리도 마찬가지입니다. 우리가 가진 흠결은 끝이 없습니다. 복음이 필요하기는 우리도 마찬가지입니다. 하나님을 통해서만 경험하는 은혜가 있습니다. 우리는 죄를 면할 만한 것을 행한 적이 없습니다. 우리는 오직 예수 그리스도의 은혜로 용서받았습니다. 값없이 용서받았습니다.

아버지의 용서는 완전합니다. 아버지는 둘째 아들에게 아무것도 묻지 않았습니다. 아버지는 말할 기회도 주지 않았습니다. 아무것도 요구하지 않았습니다. 아버지는 아들이 돌아온 것으로 만족했습니다. 아들을 향한 아버지의 사랑은 매우 컸습니다. 둘째 아들이 지은 죄보다 아버지의 사랑이 훨씬 컸습니다. 아버지는 아들을 용서했기 때문에 아들을 기다렸습니다. 만일 아들을 용서하지 않았다면, 아버지는 아들을 기다리지 않았을 것입니다.

세상에서는 용서할 수 없는 일이 많습니다. 용서하더라도 그에 상응하는 대가를 지불해야 합니다. 자신이 지은 죄에 대한 죗값을 지불해야 합니다. 그런 세상에 물들어 있는 우리는 용서 받기 위해 회개해야 한다고 생각합니다. 그러나 하나님은 우리가 회개하기 전에 우리를 먼저 용서하십니다.

하나님이 우리를 거저 용서해 주신 것이 아닙니다. 예수님이 십자가에 못 박혀 죽으심으로 화목제물이 되셨습니다. 갈보리 언덕에서 예수님이 십자가에 못 박혀 죽으심으로 우리가 지은 죄를 모두 용서하셨습니다. 하나님은 우리를 완전히 용서하셨습니다.

다윗은 아들 압살롬을 사랑했습니다. 그런데 압살롬은 이복동생 암논이 자신의 누이 다말을 강간했다는 이유로 암논을 죽였습니다. 이 일로 인해 다윗이 크게 노했습니다. 세월이 흐른 후 다윗은 압살롬을 용서했지만, 완전히 용서한 것은 아니었습니다. 압살롬은 아버지의 완전한 용서를 원했습니다. 그러나 다윗은 탕자의 아버지가 둘째 아들을 용서한 것처럼 완전한 용서를 하지 못했습니다. 다윗은 압살롬을 마음 깊이 받아들이지 않았습니다. 압살롬은 다윗에게서 점점 멀어졌습니다. 아버지 다윗을 원망했습니다. 마침내 압살롬은 아버지를 배신했습니다.

물론 반역자 압살롬에게 문제가 있습니다. 그러나 압살롬을 완전히 용서하지 않은 다윗은 압살롬을 더욱 분노하게 했습니다. 완전하게 용서하지 않는 것은 용서하는 것이 아닙니다. 참된 용서를 받아야 자유로울 수 있습니다.

하나님은 완전하게 용서하십니다. 하나님은 용서의 조건을 제시하시지 않습니다. 값없이 용서하십니다. 하나님은 우리가 용서를 구해야 용서하시는 분이 아닙니다. 예수님이 십자가에 못 박혀 죽으신 것을 통해 하나님은 우리를 완전히 용서하셨습니다.

긍휼에서 시작된 용서

아버지가 둘째 아들을 용서하는 것에서 우리는 아버지의 마음을 읽어야 합니다. 아버지는 집으로 돌아오는 둘째 아들을 보고 측은히 여겼습니다. 반면에 맏아들은 어떻습니까? 둘째 아들을 정죄하고 판단했습니다.

측은히 여기는 것은 영어로 'compassion'입니다. 접두어 'com~'은 함께한다는 의미입니다. 그리고 'passion'은 고통을 의미합니다. 'compassion'은 고통을 함께하는 것을 의미합니다. 둘째 아들이 아버지의 집을 떠나 먼 나라에서 고통할 때, 아버지는 둘째 아들과 함께 절망하고 좌절했습니다. 측은히 여기는 것, 즉 긍휼히 여기는 것은 하나님의 마음입니다. 하나님은 긍휼의 하나님이십니다. 긍휼은 하나님의 마음을 표현하는 단어입니다. 죄인이 회개하고 돌아올 때, 하나님은 죄인을 거부하지 않고 기뻐하십니다. 하나님은 긍휼이 풍성하십니다.

긍휼은 먹을 것이 없는 사람에게 먹을 것을 가져다주고, 힘들어하는 사람의 등을 두드려 주는 정도가 아닙니다. 긍휼은 그가 겪는 고통의 안으로 들어가 함께 고통하는 것을 의미합니다. 긍휼은 헬라어로 '스플랑크니조마이(σπλαγνίζομαι)'입니다. 헬라어로 '스플랑크논(σπλάγχνον)'은 창자, 내장, 여인의 자궁을 의미합니다. 내면 깊은 곳에서 비롯되는 감정은 누구도 이해할 수 없습니다. 존재 전체를 흔들어 놓습니다. 모든 것을 잃은 것보다 더 큰 아픔입니다. 남자의 중심은 심장이고, 여자의 중심은 자궁입니다. 중심에서 비롯되는 감정은 매우 깊습니다. 자신의 존재 전체를 흔들어 놓습니다.

어느 날, 주일예배 후에 성도들과 인사하는 중에 젊은 부부가 제게 다가와 기도해 달라고 했습니다. 잉태했던 아이를 잃었다고 했습니다. 저는 그 부부를 위해 기도했지만, 한편으로는 미안했습니다. 함께 아파할 수 없어서 미안했습니다.

긍휼은 하나님의 마음입니다. 하나님이 우리를 긍휼히 여기셨기 때문에 우리가 이 자리에 있습니다. 하나님이 우리를 구원하신 것이 긍휼은 아닙니다. 하나님은 우리가 겪는 고통과 절망 속으로 들어오셔서 우리를 구원하신 것이 긍휼입니다.

'스플랑크니조마이'라는 단어로 하나님의 고통을 표현할 수는 없습니다. 하나님의 고통은 자궁이 흔들리는 고통보다 더 큰 고통입니다. 2천 년 전, 하나님은 아들을 잃으셨습니다. 예수님이 십자가에 못 박히셨을 때, 하나님의 심장은 터질 듯 아팠을 것입니다. 그때 하나님은 예수님이 경험하신 고통을 동일하게 겪으셨습니다.

여인이 어찌 그 젖 먹는 자식을 잊겠으며 자기 태에서 난 아들을 긍휼히 여기지 않겠느냐 그들은 혹시 잊을지라도 나는 너를 잊지 아니할 것이라 사 49:15

하나님은 우리의 실패와 절망을 아십니다. 하나님은 죄를 범하고 방황하는 우리를 내치지 않으십니다. 하나님은 우리가 경험하는 고통의 깊이를 아실 뿐 아니라 그 고통 안으로 들어오십니다. 하나님은 고통으로 인해 만신창이가 된 우리를 건져 올려 주십니다. 예수님이 긍휼히 여기셨다는 말은 동정하는 것을 의미하지 않습니다. 하나님의 긍휼은 사람의 언어로 표현할 수 없을 만큼 매우 큽니다. 자궁이 흔들리는 것에 비유하여 표현했습니다.

이 세상에는 긍휼이 없습니다. 우리는 긍휼 없는 세상을 경험합니다. 하나님의 긍휼은 사람이 흉내 낼 수 없습니다. 긍휼의 하나님을 단지 우리에게 좋은 것을 주시는 분으로 생각해서는 안 됩니다. 하나님은 우리를 긍휼히 여기셔서 사람의 몸을 입고 이 세상에 오셨습니다. 우리와 같이 되셨습니다. 우리가 겪는 고통을 모두 체휼하셨습니다. 하나님은 우리에게 긍휼을 보여 주시기 위해 엄청난 대가를 지불하셨습니다. 우리의 슬픔과 수치를 덮어 주셨습니다. 우리는 하나님의 긍휼을 입은 사람입니다.

하나님의 용서는 하나님의 긍휼에서 비롯되었습니다. 하나님은 완전하게 용서하셨습니다. 하나님이 우리를 용서하신 것으로 인해 우리는 완전하게 회복됩니다. 그런데 용서받은 것으로 끝나면 안 됩니다. 회복되어야 합니다. 아버지는 돌아온 둘째 아들을 용서했습니다. 그런데 아버지는 아들을 용서한 것으로 만족하지 않았습니다. 둘째 아들이 아버지의 집에서 완전히 회복되기를 바랐습니다. 아버지의 집에서 완전히 회복되는 것이란 아버지와 친밀해지는 것입니다. 아버지와의 관계가 깊어지는 것입니다.

수치심까지 해결하는 입맞춤

죄책감과 수치심이 둘째 아들을 짓누릅니다. 죄책감과 수치심은 아버지의 집으로 돌아가는 그의 발걸음을 무겁게 했습니다. 죄에서 비롯된 죄책감과 수치심은 우리의 삶에 큰 영향을 끼칩니다. 그런데 우리가 마음대로 할 수 없습니다. 아버지는 둘째 아들의 마음을 읽었습니다. 아들이 수치심을 느끼는 것을 알았습니다. 우리는 이때에 아버지의 행동을 주목해야 합니다. 아버지는 집으로 돌아오는 아들을 온전히 받아들였습니다.

수치심은 삶을 고립시킵니다. 수치심을 느끼는 사람은 잘 숨습니다. 수치심을 느끼는 사람은 고개를 떨굽니다. 수치심은 사람만 느끼는 감정입니다. 수치심을 느끼지 않는다면 사람이 아니라고 할 수 있습니다. 수치심은 사람의 내면에 깊이 숨어 있습니다. 그런데 수치심을 느끼면, 정신적으로 매우 힘듭니다. 죽고 싶을 만큼 힘듭니다. 수치심을 해결하지 않으면, 관계가 끊어집니다.

에덴동산에서 선악과를 따 먹은 아담과 하와는 눈이 밝아져 자기들이 벗은 것을 알고 무화과나무 잎을 엮어 치마로 삼았습니다. 아담과 하와는 부끄러운 모습을 가리려고 몸부림쳤습니다. 아버지의 집으로 돌아오는 둘째 아들 역시 수치심을 느꼈을 것입니다. 집으로 돌아오는 그의 모습에서 자신감을 찾을 수 없습니다. 그는 사람들의 시선이 두려웠을 것입니다. 그는 아버지 앞에 설 자신이 없었습니다. 버려진 자는 부끄러움을 느낍니다. 본래 우리는 버려진 자입니다. 죄인에게는 수치심이 있습니다. 수치심은 사람들과 멀어지게 할 뿐 아니라 하나님과도 멀어지게 합니다.

그래서 숨으려고 합니다. 가면을 씁니다. 사람들에게 인정받으려고 합니다. 우리는 모두 죄인이기에 수치심이 있습니다. 수치심이 있는 동안에는 우리 안에 기쁨이 없습니다. 수치심이 있으면, 사람들과의 관계가 깊어질 수 없습니다. 그런데 우리의 힘으로는 수치심을 해결할 수 없습니다.

아버지는 집으로 돌아오는 둘째 아들을 측은히 여겨 그를 향해 달려갔습니다. 이때 동네 사람들의 이목이 집중됩니다. 동네 사람들은 호기심을 갖고 쳐다봅니다. 요한복음 8장에서 간음하다가 현장에서 잡힌 여자를 둘러싼 군중과 같습니다. 이때 아버지의 마음이 어떠했을까요? 아버지는 아들을 그대로 둘 수 없었을 것입니다. 아버지는 아들을 향해 달려갔습니다. 그리고 아버지는 아들이 당할 수치를 대신 감당하려고 했습니다. 아버지는 아들을 측은히 여겨 달려가 목을 안고 입을 맞추었습니다. 아버지는 내가 사랑하는 아들인 것을 드러내기 위해 이렇게 한 것입니다. 둘째 아들은 아버지를 부끄럽게 만들었습니다. 그런데 아버지는 둘째 아들의 부끄러운 모습을 가려 주려고 했습니다. 아버지는 둘째 아들이 완전히 회복되기를 바랐습니다.

십자가는 본래 수치스러운 것입니다. 예수님이 십자가에 못 박히셨을 때, 십자가형을 집행하는 집행관들은 예수님의 옷을 모두 벗겼습니다. 그들은 예수님이 극도의 수치를 경험하며 죽게 했습니다. 이것은 이중으로 처벌하는 것입니다. 십자가는 죄인에게 최고의 수치심을 주는 사형제도입니다.

죄인의 옷을 벗기고, 십자가에 못 박아 높은 언덕 위에 세워 놓아 많은 사람이 보게 했습니다. 육체적인 고통뿐만 아니라 정신적으로 고통을 경험하게 했습니다. 죄 없는 하나님의 아들 예수님이 십자가에 못 박히셔서 수치를 당하셨습니다. 우리를 대신해 수치를 당하신 것입니다.

그런데 둘째 아들이 아버지의 집으로 돌아온 것으로 문제가 모두 해결된 것은 아닙니다. 아버지의 집을 떠난 사람의 마음에 있는 죄책감은 쉽게 사라지지 않습니다. 둘째 아들은 여전히 배고픕니다. 그의 영혼은 굶주렸습니다. 아버지의 집을 떠나 먼 나라에서 사는 동안 둘째 아들의 영혼은 지칠 대로 지쳤습니다. 그는 겉모습만 거지인 것이 아닙니다. 영혼도 거지 상태였습니다. 사랑받을 만한 모습이 전혀 없었습니다. 둘째 아들은 먼 나라에서 사람들에게 거절당했습니다. 그는 사람들의 냉대와 질시에 익숙했습니다. 아버지는 아들에게 완전한 용서와 회복이 필요하다는 것을 알았습니다. 그래서 둘째 아들을 가슴에 품었습니다. 아버지는 둘째 아들을 완전히 받아들였습니다.

아버지는 둘째 아들과 입을 맞추었습니다. 입을 맞추는 것은 친밀함을 의미합니다. 억지로 할 수 있는 것이 아닙니다. 웬만큼 친밀하지 않으면 입을 맞출 수 없습니다. 거리감을 느끼는 사람과는 절대 입을 맞추지 않습니다. 즉 아버지는 입을 맞춤으로써 그 관계가 회복되었다는 것을 나타냈습니다. 둘째 아들에게 무한한 사랑을 표현했습니다. 아버지는 둘째 아들과 입을 맞춘 것으로 둘째 아들이 집으로 돌아온 것에 대한 기쁨을 표현했습니다.

둘째 아들을 향한 아버지의 사랑은 관념적인 것이 아닙니다. 하나님과 우리 사이에도 마찬가지입니다. 우리를 향한 하나님의 사랑은 관념적인 사랑이 아닙니다. 하나님의 사랑을 이론적으로 생각해서는 안 됩니다. 하나님의 입맞춤, 만지심(터치, touch)을 경험해야 합니다. 이런 경험이 없으면 신앙생활을 해도 무덤덤할 수밖에 없습니다. 아버지의 만지심을 경험하면, 아버지와의 관계가 가까워집니다. 아버지와 둘째 아들이 입을 맞춘 것으로 아버지와 둘째 아들은 강하게 결속되었습니다. 죄책감, 수치심으로부터 자유로워졌습니다.

아버지의 집으로 돌아온 둘째 아들의 몰골은 엉망이었습니다. 몸에서는 악취가 났습니다. 가까이하기에 거북했습니다. 사랑받을 만한 것이 전혀 보이지 않습니다. 게다가 둘째 아들은 순수한 마음으로 돌아온 것이 아닙니다. 그동안 그는 죄 가운데 살았습니다. 그는 단지 살기 위해 아버지의 집으로 돌아왔습니다. 그러나 아버지는 둘째 아들이 집으로 돌아온 것으로 충분했습니다. 아버지는 그를 불쌍히 여겼습니다. 아들을 끌어안았습니다. 아들과 입을 맞추었습니다.

하나님 앞으로 나아오기 전, 우리 안에는 욕심이 가득했습니다. 속물 근성이 있었습니다. 죄가 죄인지도 모르고 짓던 자들이었습니다. 우리는 하나님의 사랑을 받을 만한 존재가 아니었습니다. 그럼에도 불구하고 하나님은 우리를 받아 주셨습니다. 이처럼 하나님의 사랑은 놀랍습니다. 하나님의 사랑은 큽니다. 하나님은 우리에게 아무것도 요구하지 않으셨습니다. 하나님은 우리의 모습 그대로 받아 주셨습니다. 이것이 우리를 향하신 하나님의 사랑입니다. 과거의 행위로 인해 죄책감을 느끼는 것은 하나님의 사랑을 의심하는 것입니다. 우리는 하나님의 사랑을 의심해서는 안 됩니다. 하나님의 사랑을 받아들이고 누리면 됩니다.

우리가 하나님께로 나아오면, 하나님은 우리를 내치지 않으십니다. 하나님은 우리에게 입 맞추십니다. 하나님은 온몸으로 우리를 안아 주십니다. 우리의 모습 그대로 받아 주십니다. 누구도 우리를 정죄하지 않습니다. 우리가 용서를 구하기 전에 하나님은 이미 우리를 용서하셨습니다. 이것이 복음입니다.

> 그러므로 이제 그리스도 예수 안에 있는 자에게는 결코 정죄함이 없나니… 누가 정죄하리요 죽으실 뿐 아니라 다시 살아나신 이는 그리스도 예수시니 그는 하나님 우편에 계신 자요 우리를 위하여 간구하시는 자시니라
>
> 롬 8:1, 34

둘째 아들은 먼 나라에서 버림받은 사람처럼 살았습니다. 그러나 아버지의 집으로 돌아오자 모든 것이 빠르게 진행되었습니다. 아버지는 모든 것을 준비해 놓고 아들이 돌아오기를 기다렸습니다. 둘째 아들이 아버지의 집으로 돌아왔을 때, 아버지의 행동을 보고 둘째 아들은 놀라지 않을 수 없었습니다.

하나님은 우리를 위해 모든 것을 준비해 놓고 계십니다. 하나님은 우리에게 풍성한 은혜를 베푸십니다. 아들을 보고 측은히 여겨 달려가 목을 안고 입을 맞추시는 아버지 하나님을 만나야 합니다. 하나님은 근엄하신 분이 아닙니다. 접근하기에 부담스러운 분이 아닙니다. 하나님은 따뜻한 가슴으로 우리를 안아 주십니다. 우리를 용서하십니다. 우리를 회복시키십니다. 우리는 자랑할 것이 전혀 없지만, 하나님은 우리의 고개를 들게 하십니다. 우리의 수치를 덮어 주십니

다. 죄가 없는 사람처럼 여겨 주십니다. 이것이 복음입니다.

하나님의 따뜻한 사랑을 경험하고 은혜를 누려야 합니다. 하나님의 사랑은 매우 큽니다. 하나님은 우리의 고통 안으로 들어오셔서 우리를 품어 주십니다. 우리를 고통으로부터 구원해 주십니다. 우리를 하나님의 자녀가 되게 하십니다. 하나님의 은혜를 깊이 경험하는 삶이 되어야 합니다. 하나님은 우리 안에 있는 정죄감, 수치심을 모두 제거해 주셨습니다. 하나님과 우리 사이를 가로막는 장애물은 없습니다. 하나님의 자녀로 당당하게 살아가야 합니다.

13장.

방황의 끝은 변화의 시작입니다

"아들이 이르되 아버지 내가 하늘과 아버지께 죄를 지었사오니 지금부터는 아버지의 아들이라 일컬음을 감당하지 못하겠나이다 하나" 눅 15:21

둘째 아들이 먼 나라에서 아버지의 집으로 돌아오기까지 오랜 시간이 걸렸습니다. 그러나 아버지가 둘째 아들을 용서하는 데는 오래 걸리지 않았습니다. 집으로 돌아온 아들에게 아버지는 아무 말도 하지 않았습니다. 아버지는 아들을 용서하는 것을 행동으로 보여 주셨습니다. 아버지의 행동은 위력이 있었습니다.

죄를 인정하는 용기

아버지의 조건 없는 용서 앞에 둘째 아들은 자신의 죄를 고백합니다. 일부러 받아 낸 자백이 아닙니다. 둘째 아들의 자발적인 고백입니다. 자신을 받아 주시는 아버지의 사랑을 느낀 것입니다.

둘째 아들의 고백은 회개입니다. 이제야 그는 자신의 죄가 무엇인지 알았습니다. 자기 죄를 아는 사람이 회개합니다. 자기가 지은 죄를 시인해야 아버지께 돌아갈 수 있습니다. 회개하지 않으면 아버지께 완전히 돌아갈 수 없습니다. 왜 반복해서 죄를 짓습니까? 자신이 지은 죄를 알지 못하기 때문입니다. 무엇이 잘못되었는지 알지 못하면, 탕자의 삶을 반복할 수밖에 없습니다.

우리는 하나님께 쉽게 용서받으려고 합니다. 물론 용서를 받기 위해 우리가 해야 할 일은 없습니다. 하나님은 우리를 무조건 용서하십니다. 그러나 용서받은 사람으로서 우리가 해야 할 것이 있습니다. 우리의 죄를 하나님께 고백해야 합니다. 용서받은 사람의 마땅한 반응입니다. 용서받기 위해 죄를 고백하는 것이 아니라 용서받은 것에 대한 반응으로 죄를 고백해야 합니다.

죄는 자신이 하나님이 되려고 하는 것입니다. 죄인은 하나님 없이도 살 수 있다고 생각합니다. 스스로 삶의 주인이 되고 싶어 합니다. 둘째 아들은 자신이 하나님이 되려고 했던 것에 대해 아버지께 용서를 구했습니다. 이것은 이제 아버지의 아들로 돌아가고 싶다는 의미입니다.

하나님은 죄 자체보다 죄에 대한 태도를 보십니다. 죄를 짓지 않는 사람은 없습니다. 죄를 짓지 않고 살 수 없습니다. 그런데 사람들은 자신의 죄를 인정하는 것을 어려워합니다. 교회에 오면 우리가 죄인이라고 말합니다. 처음에는 자신이 죄인이라는 것을 받아들이기 어렵습니다. 죄 문제에 직면하지 않으려고 합니다. 자신의 죄를 인정하지 않으려고 합니다. 그러나 하나님의 자녀가 되려면, 자신의 죄를 인정해야 합니다.

다윗은 심각한 죄를 범했습니다. 충신이었던 우리아에게서 아내를 빼앗았습니다. 그리고 그 죄를 숨기기 위해 우리아를 최전선에 보내 죽게 했습니다. 다윗은 자신이 가진 권력으로 사람들의 눈을 가리고 입을 막았습니다. 그렇게 해서 그의 죄는 숨겨지는 듯했습니다. 그러나 비밀은 없습니다. 하나님이 보고 계시기 때문입니다. 하나님은 다윗에게 나단 선지자를 보내셨습니다. 나단 선지자는 처음부터 끝까지 다윗의 죄를 지적하는 내용으로 설교했습니다. 다윗은 궁지에 몰렸습니다. 다윗은 자신의 권력을 이용하여 나단 선지자를 죽일 수도 있었습니다. 그러나 다윗은 "내가 여호와께 죄를 범하였노라"(삼하 12:13)고 말했습니다. 다윗은 자신의 죄를 인정했습니다. 그는 자신의 죄를 숨길 수 없다는 것을 알았습니다.

사람들은 자신의 죄를 숨기는 데 많은 에너지를 소모합니다. 죄를 숨기면 문제 될 것이 없다고 생각합니다. 죄를 인정하지 않으려고 합니다. 자기 죄를 시인하지 않으려고 합니다. 누군가가 죄를 지적하면 화를 냅니다. 병든 자존심 때문입니다. 자기가 하나님으로 살고 싶어서 그렇습니다. 그러나 죄는 아무리 숨기려 해도 숨길 수 없습니다. 죄를 숨기면 오히려 모든 것이 복잡해집니다. 죄를 인정하면 문제 될 것이 전혀 없습니다. 따라서 죄를 지었다고 시인하는 것이 중요합니다.

자기의 죄를 숨기는 자는 형통하지 못하나 죄를 자복하고 버리는 자는 불쌍히 여김을 받으리라 잠 28:13

누가 자신의 죄를 인정할 수 있습니까? 하나님의 사랑을 경험한 사람은 정직합니다. 입을 열어 자신의 죄를 인정합니다. 용서하시는 하나님을 만난 사람, 복음을 경험한 사람은 자신의 죄를 고백할 수 있습니다. 고백하지 않을 이유가 없습니다. 죄를 인정하고 고백하는 것은 은혜입니다. 죄를 고백할 때, 자신이 누구인지 알 수 있습니다. 자신이 죄인이요, 날마다 넘어지고 깨어지는 존재라는 것을 깨닫습니다. 죄를 고백할 때, 자신의 참모습을 발견합니다. 하나님의 은혜 없이는 살 수 없다는 것을 인정합니다.

우리는 살면서 죄를 계속 짓습니다. 교회 다니고 신앙생활을 하지만, 우리는 여전히 죄를 짓습니다. 교회 다니기 전에는 노골적으로 죄를 지었습니다. 죄를 지은 것에 대해 정직했습니다. 그러나 교회 다닌 후로는 은밀하고 교묘하게 죄를 짓습니다. 교회 다니기 전과 비교하여 가벼운 죄를 짓고 있다고 생각합니까? 결코 그렇지 않습니다. 교회 다니고 신앙생활을 한 후, 우리 죄는 더 무거워집니다. 예수님을 믿기 전에는 알지 못했던 죄를 짓습니다. 위선, 이중성, 자기기만, 거짓 등은 결코 작은 죄가 아닙니다. 그리고 사람들은 죄 지은 것을 은폐하려고 합니다. 죄지은 것을 은폐하다 보면, 정직으로부터 점점 멀어집니다. 죄를 짓고도 죄를 지었다는 것을 알지 못합니다. 죄로 인해 갈등하지 않습니다. 오히려 자신에게 만족합니다. 자신을 포장하고 살아갑니다.

맏아들은 모범적인 사람으로 보입니다. 그런데 그는 자신을 포장했습니다. 그래서 죄가 드러나지 않았을 뿐입니다. 맏아들은 아버지께 "내가 여러 해 아버지를 섬겨 명을 어김이 없거늘"(눅 15:29)이라고 말했습니다. 그는 자신이 의롭다고 생각했습니다. 자신이 의롭다고 생각하는 사람이 죄를 고백하겠습니까?

맏아들은 다른 사람을 정죄하고 비난했습니다. 자신의 동생을 가리켜 "아버지의 살림을 창녀들과 함께 삼켜 버린 이 아들"(눅 15:30)이라고 말했습니다. 맏아들은 자기 의로 충만했습니다. 자신과 동생을 대조하여 자신이 반듯하게 살아온 것을 입증하려고 했습니다. 맏아들은 아버지의 집에 있었지만, 아버지를 떠나 있었습니다. 맏아들 같은 사람이 아버지께로 완전히 돌아오려면 많은 시간이 필요합니다. 죽기 전에 돌아올지조차 알 수 없습니다. 맏아들은 회개하기 어려운 상태입니다. 자신이 누구인지 알지 못합니다.

자신의 죄를 고백하는 것, 자신의 죄를 죄로 인정하는 것은 쉽지 않습니다. 그러나 매우 중요합니다. 죄를 죄로 인정하는 것, "나는 죄를 지었습니다"라고 고백하는 것이 겸손입니다.

바리새인은 서서 따로 기도하여 이르되 하나님이여 나

는 다른 사람들 곧 토색, 불의, 간음을 하는 자들과 같지 아니하고 이 세리와도 같지 아니함을 감사하나이다 나는 이레에 두 번씩 금식하고 또 소득의 십일조를 드리나이다 하고 세리는 멀리 서서 감히 눈을 들어 하늘을 쳐다보지도 못하고 다만 가슴을 치며 이르되 하나님이여 불쌍히 여기소서 나는 죄인이로소이다 하였느니라

눅 18:11-13

바리새인은 자기만족에 빠져 하나님으로부터 멀어졌습니다. 그들은 자신의 죄를 인정할 수 없었습니다. 자신의 죄를 숨겨 놓아 죄가 드러나지 않았습니다. 그들은 자랑할 만한 것을 늘어놓았습니다. 이것은 탕자의 비유에 등장하는 맏아들의 모습과 비슷합니다. 바리새인들은 자신이 하나님이 되어 있었습니다. 죄를 인정하지 않고 고백하지 않았습니다. 죄를 인정하지 않고 고백하지 않으면, 하나님으로부터 멀어질 수밖에 없습니다.

아버지께로 가려면, 반드시 자신의 죄를 인정하고 고백해야 합니다. 이것을 무시해서는 안 됩니다. 자신의 죄를 인정하고 고백하는 것은 신앙생활의 기본이라고 할 수 있습니다. 신앙생활을 하면서 기본에 충실해야 합니다.

신앙생활의 기본을 무시하면, 교회는 쇠퇴하게 됩니다. 운명이 위태롭습니다. 죄를 인정하고 고백하는 것은 신앙생활에서 매우 중요한 기본 과정입니다.

내 죄 앞에 얼마나 정직한가

2007년에 개봉된 영화 〈밀양〉은 기독교의 관점에서 보면 마음이 불편해지는 영화입니다. 기독교에 대해 지적하는 내용이 있는데, 결코 무시할 수 없습니다. 주인공 신애는 30대 초반의 여성입니다. 그런데 남편이 일찍 죽었습니다. 신애는 유치원생인 아들을 데리고 남편의 고향인 밀양에 내려왔습니다. 그런데 아들이 다니던 웅변학원 원장 박도섭이 아들을 유괴했습니다. 박도섭은 신애에게 돈을 요구했습니다. 그 과정에서 신애의 아들은 박도섭에게 살해되었습니다.

아들을 잃고 고통하며 세월을 보내던 신애는 전도를 받아 교회를 다니게 되었습니다. 신애는 교회에 열심히 다니며 교인들로부터 믿음 좋은 사람이라고 인정받았습니다. 어느 날 신애는 아들을 죽인 박도섭을 용서하겠다고 결심했습니다. 주변 사람들은 신애를 말렸지만, 신애는 아들을 죽인 박도섭을 찾아갔습니다. 그리고 자신이 예수님을 믿기 때문에 당신을 용서하러 왔다고 했습니다. 그런데 이때 박도섭은 자신도 하나님을 믿는다고 말했습니다. 그리고 자신이 지은 죄를 용서받았다고 말했습니다.

그 말을 들은 신애는 충격을 받았습니다. 신애의 눈에는 증오가 가득했습니다. 현기증을 느껴 교도소 밖으로 나온 신애는 기절했습니다. 언뜻 보면 문제가 전혀 보이지 않을 수도 있습니다. 그런데 신애와 박도섭 두 사람 모두에게 문제가 있는 듯합니다. 신애가 박도섭을 용서하러 간 것은 잘한 일입니다. 그런데 하나님의 깊은 용서를 경험하고 간 것인지 의문스럽습니다. 박도섭 또한 하나님으로부터 이미 용서받았다고 했습니다. 사람을 죽인 사람이 피해자 앞에서 하나님이 용서하셨다고 하면 모든 것이 해결됩니까?

신애를 대하는 박도섭의 태도는 매우 뻔뻔했습니다. 박도섭은 자신이 지은 죄를 전혀 인식하지 못했습니다. 박도섭은 하나님의 이름을 이용하여 죄에서 도피하려고 했습니다. 그런데 참으로 하나님의 용서를 경험한 사람이라면, 그렇게 행동해서는 안 됩니다. 박도섭은 신애 앞에서 매우 당당했습니다. 이러한 박도섭의 태도는 신애를 더욱 힘들게 했습니다. 신애도 마찬가지입니다. 교회에 열심히 다녔습니다. 부흥회 때마다 앞자리에 앉았습니다. 그런 신애의 모습은 사람들에게 열혈 신자처럼 보였습니다. 그런데 신애는 교회를 도피처로 생각했습니다. 신애는 아들을 잃은 고통을 잊기 위해 교회로 도피한 것입니다. 신앙이 깊이 자리잡지 못했습니다. 신애가 다니는 교회의 구성원들이 신애에게 조언하는 것을 보면 가볍게 느껴집니다. 그들은 용서, 사랑, 믿음이라는 말을 가볍게 여기는 듯합니다.

우리는 각자의 신앙을 점검해야 합니다. 신앙생활을 하면서 반드시 경험해야 하는 것이 있습니다. 그 기본 과정을 제대로 경험했는가를 살펴보아야 합니다. 신앙의 세계에서도 세속의 영향을 받습니다. 사람들은 과정을 무시한 채 결론에 이르려고 합니다. 신앙생활을 막 시작한 사람이 빨리 변화되고 성장하는 것은 좋습니다. 그런데 과정을 무시한 채 빨리 변화되기만을 바라는 것은 위험합니다.

본문에 보면, 집으로 돌아온 둘째 아들이 아버지께 "아버지 내가 하늘과 아버지께 죄를 지었사오니"라고 말했습니다. 자신이 지은 죄를 깨달아야 합니다. 그걸 모른 채 신앙생활 하다 보면, 죄를 다루는 기술이 늘 수 있습니다. 그러면 자신의 죄를 교묘하게 감추려고 합니다. 영적으로 변화되지 않은 채 신앙인으로 보이려고 노력하는 사람은 이전보다 더 심각하게 망가질 수 있습니다. 자신의 신앙이 건강한가 건강하지 않는가를 늘 점검해야 합니다. 세월이 갈수록 정직해지는가,

죄에 대해 정직하게 반응하는가를 점검해야 합니다.

변화는 서서히 이루어지는 것

단순히 교회 다니는 것을 아버지께로 돌아온 것으로 생각해서는 안 됩니다. 아버지께로 가는 길은 멉니다. 교회 다니지 않는 사람보다 오히려 더 나빠질 수 있습니다. 교회 다니지만 여전히 아버지로부터 멀리 떨어져 있을 수 있습니다. 교회 안에 '먼 나라'가 있을 수도 있습니다. 사람들은 교회 다니는 것을 마치 목적지에 도착한 것으로 생각합니다. 교회 다니면 더 이상 나아갈 곳이 없다고 생각합니다. 변화와 성숙을 더 이상 갈망하지 않습니다. 이것은 탕자의 비유에 등장하는 맏아들의 모습입니다.

삶은 하루아침에 아름다워지지 않습니다. 하나님이 우리를 아름답게 빚으시는 데는 시간이 필요합니다. 조급하게 생각해서는 안 됩니다. 아버지의 집에 이르렀어도, 여전히 넘어지고 실수합니다. 아버지의 마음을 아프게 합니다. 그래도 절망하지 마십시오. 우리는 가야 할 길이 있습니다. 성화는 점진적으로 서서히 진행됩니다. 기다려야 합니다.

'내가 이 정도밖에 안 되나'라고 생각하고 좌절할 때가 있습니다. 그러나 좌절하는 것은 좋은 일입니다. 좌절을 경험해야 합니다. 좌절을 경험하더라도 포기해서는 안 됩니다. 오히려 하나님을 의지해야 합니다. 하나님을 붙들어야 합니다. 하나님이 답이십니다. 우리는 하나님의 자녀로 하나님을 의지하며 살아야 합니다. 시간이 갈수록 겸손해져야 합니다. "내가 하늘과 아버지께 죄를 지었습니다" "나는 하나님이 필요합니다"라고 고백해야 합니다.

둘째 아들이 죄를 회개하자 변화가 시작됐습니다. 회개한 둘째 아들은 마음이 달라졌습니다. 처음 아버지의 집을 떠날 때만 하더라도 그는 아버지의 아들인 것을 거부했습니다. 그러나 지금은 아버지의 아들로 사는 것보다 나은 것이 없다는 것을 깨달았습니다. 그리고 자신은 아버지의 아들로서 자격이 없다고 고백했습니다. 그는 자신을 제대로 보았습니다. 그에게 있던 허영심이 모두 사라졌습니다. 둘째 아들은 비로소 자신의 모습을 찾았습니다. 진정으로 회개할 때, 자신이 누구인지를 알 수 있습니다.

자신의 죄를 회개한 둘째 아들은 솔직해졌습니다. 둘째 아들은 자신이 생각한 것을 그대로 아버지께 털어놓았습니다. 아버지의 아들이라 일컬음을 감당하지 못하겠다는 말은, 이제 아버지의 아들로 살고 싶다는 의미입니다. 우리도 마찬가지입니다. 우리는 하나님의 자녀가 될 자격이 없습니다. 그럼에도 하나님은 우리를 자녀 삼아 주셨습니다. 칭의(稱義, justification)는 의롭지 않은 사람을 의롭다고 여겨 주신다는 의미입니다. 이것이 은혜입니다.

둘째 아들이 달라졌습니다. 자신의 분깃을 달라고 요구하던 당당한 모습이 없습니다. 둘째 아들이 이렇게 변화되기까지 많은 시간이 소요되었습니다. 그런데 이런 과정은 반드시 필요합니다. 지나치려고 생각해서는 안 됩니다. 조급하게 생각해서는 안 됩니다. 조급하게 생각하다 보면, 피상적으로 신앙생활 하게 됩니다. 그러다 보면 신앙생활을 하다가 방황할 수 있습니다.

신앙생활 하면서 자랑거리를 만들려고 해서는 안 됩니다. 사람들에게 인정받고 박수받는 것은 좋은 일입니다. 그러나 인정받고 박수받는 것에 집중하다 보면, 자신을 스스로 속일 수 있습니다. 신앙생활을 오래 했다고 하나님이 필요 없는 것은 아닙니다. 세월이 갈수록 하나님을 더욱 간절히 붙들어야 합니다. 하나님을 붙들 수밖에 없다고 고백해야 합니다. "나는 죄인입니다" "나는 부족합니다"라고 고백해야 합니다. 신자가 되기 전에는 이렇게 고백하기 싫었습니다. 그러나 이제는 이렇게 고백해야 합니다. 이러한 고백은 자신이 하나님의 도움이 필요한 존재라고 인정하는 것입니다. 자신이 한계를 가진 사람인 것을 인정하는 것입니다. 우리는 허물투성이입니다. 우리는 부족합니다. 언제든지 빗나갈 수 있습니다. 하나님의 도움이 필요하지 않은 순간이 없습니다.

또한 둘째 아들의 고백은 아버지께 모든 것을 맡긴다는 의미입니다. 더 이상 주장하거나 내세울 것이 없다는 의미입니다. 아버지가 원하시는 대로 따르겠다는 의미입니다. 둘째 아들은 아버지를 전적으로 의존했습니다. 고집스러운 모습이 전혀 보이지 않습니다. 아버지에게 반항하려고 하지 않습니다.

죄인은 스스로 하나님이 되려고 합니다. 둘째 아들은 아버지의 집을 떠나 먼 나라에서 자신이 하나님이 되려고 했습니다. 아버지의 집에서 아버지의 아들로 사는 것이 싫었습니다. 그러나 지금 둘째 아들은 아버지의 아들로 사는 것보다 나은 것이 없다는 것을 깨달았습니다. 둘째 아들은 아버지께 모든 것을 맡겼습니다.

둘째 아들은 아버지의 집으로 돌아왔습니다. 그가 있어야 할 자리로 돌아왔습니다. 그는 다시 시작점에 섰습니다. 그가 돌아왔다는 것은 방황을 끝냈다는 의미입니다. 그는 아버지의 집을 떠나 먼 나라에서 방황하며 자기 자신을 찾았습니다. 자신을 찾았으니 다시 시작해야 합니다.

회개는 자신을 발견하는 것입니다. 회개하면 하나님과 친밀해집니다. 하나님과의 거리가 좁아집니다. 하나님과 친밀해질수록 삶이 아름다워집니다. "내가 그리스도와 함께 십자가에 못 박혔나니 그런즉 이제는 내가 사는 것이 아니요 오직 내 안에 그리스도께서 사시는 것이라 이제 내가 육체 가운데 사는 것은 나를 사랑하사 나를 위하여 자기 자신을 버리신 하나님의 아들을 믿는 믿음 안에서 사는 것이라"(갈 2:20)고 고백해야 합니다. 이제는 우리 마음대로 살아서는 안 됩니다. 하나님의 뜻대로 살아야 합니다. 하나님이 우리에게 원하시는 자리에서 살아갈 때, 우리는 복되게 살 수 있습니다.

우리는 하나님의 걸작입니다. 하나님은 우리를 지으시고 "심히 좋았더라"(창 1:31)고 말씀하셨습니다. 우리는 하나님이 보시기에 심히 좋은 모습으로 돌아가야 합니다.

> 우리는 그가 만드신 바라 그리스도 예수 안에서 선한 일을 위하여 지으심을 받은 자니 이 일은 하나님이 전에 예비하사 우리로 그 가운데서 행하게 하려 하심이니라 엡 2:10

하나님이 우리의 아버지이십니다. 실패해도 숨지 마십시

오. 다시 시작하십시오. 절망해도 교회를 떠나지 마십시오. 우리가 경험하는 모든 일을 하나님의 자녀가 되어가는 과정으로 여겨야 합니다. 조급해하지 마십시오. 분위기에 휩쓸리지 마십시오. 하나님을 알아가고, 더욱 가까워지며, 친밀해져야 합니다. 그럴 때 하나님의 마음을 알 수 있습니다. 복음을 경험할 수 있습니다.

14장.

환대하는 아버지의 품이 회복입니다

"아버지는 종들에게 이르되 제일 좋은 옷을 내어다가 입히고 손에 가락지를 끼우고 발에 신을 신기라" 눅 15:22

매우 초라한 모습으로, 삶 전체가 누더기가 되어 돌아온 아들. 아버지의 사랑을 받을 만한 모습이 전혀 아닙니다. 이것이 과거 우리의 모습입니다. 하나님을 떠나 죄를 지으며 살았던 때에 우리의 모습은 아버지의 집으로 돌아온 둘째 아들과 흡사합니다. 사랑받을 만한 것이 전혀 없었습니다.

아버지는 그 혐오스러운 모습의 둘째 아들을 환대했습니다. 아버지가 아들을 안고 아들에게 입을 맞추었다는 것은 최고의 환대입니다. 아버지는 자신의 잘못을 고백하는 둘째 아들의 말을 듣는 둥 마는 둥 했습니다. 사실 아버지에게 아들의 이 고백은 중요하지 않습니다. 이미 아들을 용서했기 때문입니다. 아버지의 마음은 다른 데 있었습니다. 그래서 아버지는 마음이 급했습니다. 아버지는 둘째 아들에게 주고 싶은 것이 많았습니다. 이것은 아버지가 오래전부터 준비한 것입니다. 아버지는 종들에게 지시했습니다. "제일 좋은 옷을 내어다가 입히고 손에 가락지를 끼우고 발에 신을 신기라"고 말했습니다.

완전한 신분의 회복

아버지는 종들에게 세 가지를 지시했습니다. 제일 좋은 옷을 내어다가 입히고, 손에 가락지를 끼우고, 발에 신을 신기라는 것입니다. 여기에는 각각 의미가 있습니다. 모두 둘째 아들의 신분 회복과 연관된 것입니다.

첫째, 제일 좋은 옷을 내어다가 입히라고 했습니다. 옷은 신분을 상징합니다. 아버지는 둘째 아들의 신분을 회복시켜 주고 싶었습니다. 아버지가 말한 '제일 좋은 옷'은 눈에 띌 만큼 아름다운 옷입니다. 지금 둘째 아들이 입고 있는 옷과 비교되는 것입니다. 아버지의 아들로 예우를 받을 수 있는 옷입니다.

둘째, 손에 가락지를 끼우라고 했습니다. 반지는 권위를 의미합니다. 당시에는 반지가 곧 인장이었습니다. 중요한 일을 계약할 때 반지를 사용했습니다. 생각해 보십시오. 둘째 아들은 자기 분깃을 미리 내어 달라 요구했습니다. 그것도 모자라 그 재산을 낭비하고 돌아왔습니다. 그런 아들에게 '그래도 너는 내 아들이다. 아들로서 법적 권한을 행사할 수 있다'라는 의미의 반지를 줄 수 있습니까? 그러나 아버지는 둘째 아들의 손에 반지를 끼우라고 했습니다. 명목상 아들로만 인정한 것이 아닙니다. 아들로서의 법적 지위까지 인정해 주었습니다.

셋째, 발에 신을 신기라고 했습니다. 고대사회에서는 신분을 엄격하게 구분했습니다. 노예는 신을 신지 않았습니다. 둘째 아들의 발에 신을 신기라고 한 것은, 이제 그는 노예 신분이 아니라는 말입니다. 자유인이라는 의미입니다. 이것은 내가 너를 품꾼이 아니라 아들로 여기겠다는 의미입니다. 아버지는 둘째 아들의 신분을 확실하게 구분했습니다.

아버지는 오래전부터 둘째 아들을 환대할 준비를 했습니다. 둘째 아들이 아버지의 집으로 돌아오기도 전에 아버지는 둘째 아들을 환대할 준비를 했습니다. 미리 준비한다고 하면 생각나는 것이 있습니다. 창세기 22장에 보면, 아브라함이 모리아 산에서 이삭을 번제로 하나님께 드리려고 했을 때, 아브라함은 친히 준비하시는 하나님을 경험했습니다. 하나님은 우리 구원을 창세 전에 미리 준비하셨습니다. 하나님은 돌발적으로, 우발적으로, 충동적으로 우리를 구원하신 것이 아닙니다.

아버지는 마지못해 둘째 아들을 환대한 것이 아닙니다. 아버지는 둘째 아들이 집으로 돌아온 것을 기뻐하며 아들을 환대했습니다. 아버지에게 반역하고 재산도 잃고 지위도 잃었던 아들입니다. 그는 먼 나라에 멋대로 가서 종처럼 살았습니다. 그는 소외되었습니다. 배제되었습니다. 자유를 잃었습니다. 자존감을 상실했습니다. 무가치한 존재가 되었습니다. 그는 자존심을 지킬 수 없었습니다. 사람답게 살 수 없었습니다. 그래서 그는 돼지가 먹는 쥐엄 열매로 배를 채우려고 했으나 그것도 쉽지 않았습니다.

그러나 아버지는 둘째 아들을 환대함으로 아들의 위치를 회복시켜 주었습니다. 아버지는 그가 아버지의 아들인 것을 공식화했습니다. 아버지는 잔치를 베풀어 둘째 아들이 집으로 돌아온 것을 사람들에게 알렸습니다. 이를 통해 아버지만이 아니라, 온 공동체가 아들을 받아들이게 했습니다. 누구도 둘째 아들을 무시하지 못하게 했습니다.

탕자의 비유와 관련된 그림이 많습니다. 그중에서 네덜란드의 화가 렘브란트가 그린 "탕자의 귀환"은 유명합니다. 그림을 보면, 아버지의 두 손은 둘째 아들의 어깨 위에 놓여 있습니다. 그런데 그냥 놓여 있지 않습니다. 아버지는 아들을 자신에게로 가까이 당기고 있습니다. 그런데 아버지의 오른손과 왼손이 다릅니다. 오른손은 강한 아버지의 손을 그린 것입니다. 아버지의 오른손은 손가락을 편 채 둘째 아들의 어깨를 감싸고 있습니다. 왼손은 어머니의 손과 같습니다. 아버지의 왼손은 둘째 아들의 어깨 위에 부드럽게 올려져 있습니다. 그림 속에서 아버지는 눈을 반쯤 감고 있습니다. 반쯤 감긴 아버지의 눈에는 둘째 아들의 남루한 모습이 보이지 않습니다. 렘브란트는 아버지를 맹인으로 그렸다고 합니다. 사랑에 눈이 멀면, 상대방의 허물이 보이지 않습니다. 렘브란트는 하나님의 사랑을 묘하게 표현했습니다. 죄로 얼룩진 사람을 향한 하나님의 크신 은총을 묘사했습니다. 둘째 아들이 아버지의 집으로 돌아오자 아버지의 마음은 들떴습니다. 그래서 아버지의 눈에는 둘째 아들의 허물이 보이지 않았습니다.

배제와 소외로 가득한 세상

맏아들은 동생이 돌아온 것이 반갑지 않습니다. 그는 '아버지의 아들'이 돌아왔다고 했습니다. 이것은 아버지의 아들과 나는 상관없다는 의미입니다. 맏아들은 자신과 동생의 관계를 거부했습니다. 자신의 동생으로 인정하지 않으려고 했습니다. 이것은 철저한 배제를 의미합니다.

그러나 아버지는 맏아들에게 "얘 너는 항상 나와 함께 있으니 내 것이 다 네 것이로되 이 네 동생은 죽었다가 살아났으며 내가 잃었다가 얻었기로 우리가 즐거워하고 기뻐하는 것이 마땅하다"(눅 15:31-32)라고 말했습니다. 이때 아버지는 둘째 아들을 가리켜 '네 동생'이라고 했습니다. 아버지는 맏아들과 둘째 아들을 엮으려고 했습니다. 맏아들이 동생을 거부하는 것은 아버지를 거부하는 것입니다.

이것은 탕자의 비유에서 처음 보는 모습이 아닙니다. 창세기에서도 이런 모습을 볼 수 있습니다. 창세기 4장을 보면, 가인은 동생 아벨을 거부했습니다. 가인은 하나님이 자신을 배제하셨다고 생각했습니다. 그 원인이 아벨 때문이라고 생각했습니다. 그래서 가인은 아벨을 쳐죽이고 말았습니다. 형제는 부모가 같습니다. 더없이 가까운 사이입니다. 그런데 형제 사이에 배제하는 일이 일어났습니다. 배제하는 것은 죄의 한 형태입니다. 죄는 서로를 거부하고 밀어냅니다. 인류의 역사 속에서도 배제를 찾아볼 수 있습니다.

맏아들이 이렇게 동생을 못마땅해하면서 멋대로 평가하는 이유가 무엇일까요? 맏아들은 둘째 아들이 돌아온 것으로 인해 자신이 피해를 겪을 것이라고 생각했습니다. 그래서 맏아들은 둘째 아들과 얽히고 싶지 않았습니다. 맏아들은 둘째 아들을 배제했을 뿐 아니라 혐오했습니다. 맏아들은 둘째 아들만 거부한 것이 아닙니다. 둘째 아들을 환대하는 아버지도 거부했습니다. 그리고 자신이 아버지의 아들인 것을 거부했습니다. 지금 그는 아버지의 명을 심각하게 거역하고 있습니다. 둘째 아들이 집으로 돌아온 것을 아버지께서 왜 기뻐하는지, 아버지께서 둘째 아들을 왜 환대하는지 그는 전혀 알지 못했습니다.

배제하는 것은 어디서나 쉽게 볼 수 있습니다. 어디를 가든 사람을 구분합니다. 그래서 수많은 계층이 있습니다. 철저히 배타적입니다. 사람들은 서로서로 밀어냅니다. 거리를 둡니다. 상대방에게 열등감을 느끼게 하고, 자신은 희열을 느낍니다. 이것이 세상의 모습입니다.

둘째 아들은 아버지의 집을 떠나 먼 나라에 살면서 배제를 경험했습니다. 그는 먼 나라에 살았지만, 그 나라에 깊이 들어갈 수 없었습니다. 그가 돈을 가지고 있을 때에는 사람들이 그를 환대했습니다. 그러나 돈이 없어지고 궁핍해지자 사람들은 그를 배제했습니다. 돼지를 치고도 쥐엄 열매조차 못 얻어먹는 신세가 되었습니다. 그는 철저히 소외되고 고립되었습니다. 어디에서도 그를 받아 주지 않았습니다. 이렇게 세상은 사람들을 배제합니다.

세상은 배제와 소외로 가득합니다. 사람들은 배제하고 배제당합니다. 서로서로 소외시키며 살아갑니다. 세상에는 자비와 긍휼이 없습니다. 세상에서 낙인이 찍히면 벗어나기 어렵습니다. 배제하는 문화는 편 가르기로 나타납니다. 이곳과 저곳 사이에는 건널 수 없는 거대한 벽이 있습니다. 외국인 노동자들은 한국에서 일하는 동안 배제와 소외를 경험합니다. 돈을 많이 벌려면, 사람들과 경쟁하지 않을 수 없습니다. 그래서 우리는 우리도 모르는 사이에 다른 사람을 배제하며 삽니다. 서로 배제되지 않으려고 몸부림을 칩니다. 상대방을 배제해야 내가 살아남습니다.

모범적인 사람은 허랑방탕하게 사는 사람에게 관대할 수 없습니다. 맏아들은 아버지가 충실하게 산 사람은 배제하고, 허랑방탕하게 산 사람은 환대한다고 생각했습니다. 맏아들은 아버지를 이해할 수 없었습니다. 맏아들은 아버지가 정의롭지 않다고 생각했습니다. 불공평하다고 생각했습니다. 맏아들은 아버지가 기본 원칙과 상식을 무시한다고 생각했습니다. 맏아들은 자신의 기준에서 벗어난 동생을 받아들일 수 없었습니다. 자신의 틀에 맞지 않는 사람은 내쳐야 한다고 생각했습니다. 그러니 맏아들은 아버지와 동생을 환대할 수 없었습니다.

예수님은 배제를 많이 경험하셨습니다. 예수님은 태어나셨을 때부터 배척당하셨습니다. 육신의 가족조차 예수님을 배제했습니다. 공생애 동안 예수님은 종교 지도자들에게 배제되셨습니다. 예수님은 태어나셨을 때부터 십자가에 못 박혀 죽으실 때까지 무시와 배제, 거절, 박해, 배척을 경험하셨습니다. 요한복음 1장에 보면, 사도 요한은 예수님을 "그가 세상에 계셨으며 세상은 그로 말미암아 지은 바 되었으되 세상이 그를 알지 못하였고 자기 땅에 오매 자기 백성이 영접하지 아니하였으나"(요 1:10-11)라고 표현했습니다.

탕자의 비유에 등장하는 맏아들과 둘째 아들은 모두 아버지를 거부했습니다. 그러나 아버지는 맏아들과 둘째 아들을 모두 환대했습니다. 아버지는 두 아들을 차별하지 않고 사랑했습니다. 아버지의 집에는 아버지가 정해 놓은 원칙이 있습니다. 아버지가 정한 원칙은 집으로 돌아오는 사람은 조건 없이 받아 주는 것입니다. 거부하지 않는 것입니다. 그래서 아버지는 집으로 돌아오는 아들을 환대했습니다. 우리는 탕자의 비유에 등장하는 아버지의 모습을 통해 하나님을 경험합니다.

아버지의 환대는 파격적입니다. 집으로 돌아오는 둘째 아들에게는 파격적인 사랑이 필요했습니다. 환영과 환대는 다릅니다. 환대는 사람을 치유하고 회복시킵니다. 아버지는 둘째 아들을 두 번 다시 놓치고 싶지 않았습니다. 그의 존재 자체를 받아들였습니다. 아버지는 둘째 아들의 낮아진 자존감을 회복시키기 위해 그를 아낌없이 환대했습니다.

건강한 인간관계에는 환대가 있습니다. 가정에서도 가족끼리 서로 환대하는 것이 매우 중요합니다. 누구도 무시하거나 배제해서는 안 됩니다. 아이들은 사랑받을 가치가 있습니다. 장애가 있는 아이의 부모가 아이를 사랑하고 아이를 존귀하게 여기는 가정은 복 있는 가정입니다. 태중에 있는 아이도 환대해야 합니다. 아이가 공부를 잘하지 못하더라도, 아이를 환대해야 합니다. 아이를 축복해야 합니다. 그래서 자신이 귀중한 존재인 것을 인식하게 해야 합니다. 아내는 남편이 어떠하더라도 남편을 존중해야 합니다. 또 남편은 아내가 어떠하더라도 아내를 환대해야 합니다. 돈이나 능력으로 가치를 평가하고 배제해서는 안 됩니다. 신분, 인종, 성별의 차이에 따라 배제해서는 안 됩니다.

조건 없이 환대하라

아버지는 둘째 아들의 모습을 보고 그를 평가하지 않았습니다. 아버지는 무한 긍정의 시선으로 그를 바라보았습니다. 아버지는 사람들이 만든 규칙을 무시했습니다.

예수님이 그렇게 사셨습니다. 사람과 사람 사이에 있는 경계선을 허물어 버리셨습니다. 예수님은 죄인들과 함께 식탁에 앉으셨습니다. 예수님은 사람들이 배제한 사람들과 함께 하셨습니다. 예수님은 사람들이 혐오하는 나병환자에게 손을 대시고 나병을 고쳐 주셨습니다. 예수님은 누구도 거절하시지 않으셨습니다.

아버지는 집으로 돌아오는 둘째 아들을 보고 달려가 목을 안았습니다. 안으려면 두 팔을 활짝 벌려야 합니다. 아버지가 두 팔을 벌린 것은 내가 너를 받아들인다는 의미입니다. 아버지의 마음이 열리지 않았다면, 두 팔을 벌리지 않았을 것입니다. 팔짱을 끼고 둘째 아들을 응시했을 것입니다. 반대로 아들을 너무 강하게 끌어안았다면 자칫 폭력으로 여겨질 수 있습니다. 사랑한다고 해서 너무 세게 끌어안아도 안 됩니다. 너무 빨리 귀속시키려고 해서도 안 됩니다. 아들을 충분히 인정해 주어야 합니다.

이처럼 누군가를 환대하는 것은 매우 조심스럽습니다. 경계선을 허무는 것은 결코 쉬운 일이 아닙니다. 상대방을 무시하지 않아야 합니다. 상대방을 충분히 인정해야 합니다. 그렇게 해서 서서히 '우리'가 되게 해야 합니다.

하나님은 환대하시는 하나님이십니다. 예수님은 십자가 위에서 두 팔을 벌리고 계십니다. 예수님은 두 팔 벌려 온 인류를 품으십니다. 온 인류를 끌어안으십니다. 십자가는 환대의 상징입니다.

> 너희는 유대인이나 헬라인이나 종이나 자유인이나 남자나 여자나 다 그리스도 예수 안에서 하나이니라 갈 3:28

갈라디아서가 기록된 당시 유대인과 헬라인, 종과 자유인, 남자와 여자의 경계가 아주 분명했습니다. 많은 사람이 배제되고 소외되었습니다. 그러나 사도 바울은 그리스도 예수 안에서 다 하나라고 말했습니다. 이것은 엄청난 선포입니다.

예수님은 "수고하고 무거운 짐 진 자들아 다 내게로 오라 내가 너희를 쉬게 하리라"(마 11:28), "누구든지 목마르거든 내게로 와서 마시라"(요 7:37)고 말씀하셨습니다. 예수님은 언제든 누구든 거부하지 않으십니다. 예수님은 모든 사람을 환대하십니다. 하나님은 사람을 구분하시지 않습니다. 하나님의 마음은 한없이 넓습니다.

우리는 하나님의 사랑을 받을 자격이 전혀 없습니다. 그럼에도 하나님은 우리를 안아 주십니다. 우리를 품어 주십니다. 하나님의 환대를 충분히 경험해야 합니다. 하나님은 우리를 환대하시기 위해 자신의 아들을 십자가에서 죽게 하셨습니다. 하나님과 우리 사이를 가로막고 있던 담이 십자가를 통해 허물어졌습니다.

아버지의 집으로 돌아온 둘째 아들을 맞이하는 잔치가 벌어집니다. 이제 둘째 아들은 아버지의 아들로서 자유를 누려야 합니다.

> 그러므로 아들이 너희를 자유롭게 하면 너희가 참으로 자유로우리라 요 8:36

우리는 하나님의 자녀입니다. 하나님의 자녀에게는 자유가 주어졌습니다. 우리는 하나님 아버지와 거리감을 느끼지 않습니다. 이것이 자녀가 누리는 특권입니다. 종의 모습으로 살아서는 안 됩니다. 눈치 볼 이유가 없습니다. 죄책감을 느낄 이유, 주눅들 이유가 없습니다. 당당해야 합니다. 누구도 하나님과 우리 사이를 가로막을 수 없습니다. 우리는 하나님의 환대를 누리며 기쁨으로 하나님을 섬길 수 있습니다. 둘째 아들은 아버지의 아들로 돌아왔습니다. 아버지의 환대를 통해 아버지와 둘째 아들은 진정으로 화해했습니다.

아버지의 환대를 받은 둘째 아들은 얼떨떨했을 것입니다. 둘째 아들은 아버지의 환대를 받아들이기 벅찼을 것입니다. 아버지가 둘째 아들을 환대한 것은 낭비처럼 보입니다. 맞습니다. 이것은 지독한 낭비요, 거룩한 낭비입니다. 그런데 하나님은 거룩한 낭비를 즐기십니다. 죄인인 우리를 사랑하셔서 죄 없는 아들을 십자가에서 죽게 하신 것은 낭비 중의 낭비입니다.

> 너희 중에 어떤 사람이 양 백 마리가 있는데 그 중의 하나를 잃으면 아흔아홉 마리를 들에 두고 그 잃은 것을 찾아내기까지 찾아다니지 아니하겠느냐 또 찾아낸즉 즐거워 어깨에 메고 눅 15:4-5

양 아흔아홉 마리를 들에 두고 잃은 양 한 마리를 찾는 것은 이해타산에 맞지 않습니다. 이것 역시 낭비입니다. 성경에 보면, 낭비로 보이는 기록이 많습니다. 우리는 그 속에서 하나님의 마음을 느낄 수 있습니다. 하나님은 잃어버린 자를 찾기 위해 모든 것을 동원하십니다. 이런 하나님이시기 때문에 우리가 구원받았습니다.

그래서 팀 켈러(Timothy Keller)는 하나님을 가리켜 '탕부 하나님(蕩父, prodigal God)'이라고 말합니다. 하나님은 사랑에 헤픈 아버지, 사랑에 눈먼 아버지이십니다. 탕자의 비유에서 맏아들과 둘째 아들은 모두 아버지를 알지 못했습니다. 아버지의 사랑을 알지 못했습니다. 하나님을 알지 못하는 사람은 스스로 자기모순에 빠집니다. 자기모순에 빠진 사람은 오랫동안 방황합니다. 하나님으로부터 멀어집니다.

우리는 잃어버린 자처럼, 죽은 자처럼 살았습니다. 하나님은 죽은 자처럼 사는 우리가 하나님께 돌아오기를 기다리고 기다리셨습니다. 우리가 하나님을 향하기만 해도 하나님은 두 팔 벌려 환대해 주십니다.

하나님을 향해 나아가야 합니다. "아버지, 제가 여기 있습니다. 저를 받아 주십시오"라고 고백하며 하나님을 향해 나아가야 합니다. 하나님 안에서 자신을 발견해야 합니다. 그때 회복되기 시작합니다. 하나님의 치유를 경험합니다.

교회는 환대하는 공동체여야 합니다. 교회는 아버지의 집으로 돌아오는 사람들을 환대해야 합니다. 한 사람도 배제되어서는 안 됩니다. 교회 안에서 차별해서는 안 됩니다. 우리는 하나님으로부터 환대를 배우고 환대를 실천해야 합니다. 아버지의 집으로 돌아오는 사람을 무조건 받아 주어야 합니다. 이단이라 할지라도 회개하면 받아 주어야 합니다. 우리가 하나님의 환대를 실천하는 것은 쉽지 않습니다. 그러나 복음을 통해 하나님 아버지의 마음을 깊이 경험한 사람은 하나님의 환대를 실천할 수 있습니다.

큰 교회는 복음 공동체가 아니라 율법 공동체가 되기 쉽습니다. 율법 공동체가 되면, 위험한 일이 일어날 수 있습니다. 우리도 모르게 사람을 소외시킬 수 있습니다. 복음을 깊이 경험하지 않으면, 교회는 본성적으로 율법주의와 가깝습니다. 교회가 먼저 복음을 깊이 경험해야 합니다. 복음은 부요한 사람이나 가난한 사람, 남자와 여자의 구분 없이 흘러갑니다. 그래서 복음이 오늘날 우리에게까지 왔습니다. 복음은 무한합니다. 복음이 역사(役事)하는 곳에서는 배제, 소외가 없습니다. 복음이 역사하는 곳에는 환대가 있습니다.

우리는 아버지의 집으로 돌아오는 사람을 두 팔 벌려 안아 주어야 합니다. 조건, 편견 없이 받아들여야 합니다. 판단하거나 정죄해서는 안 됩니다. 탕자의 비유에 등장하는 맏아들처럼 날카로운 시선으로 바라보아서는 안 됩니다. 복음 공동체는 아버지의 관점으로 사람을 바라보는, 아버지의 마음을 가진 공동체여야 합니다. 편견이 없어야 합니다. 따뜻해야 합니다. 누구든 포용할 수 있어야 합니다. 편안해야 합니다. 사랑으로 바라보아야 합니다.

우리는 우리가 경험한 복음을 구체화해야 합니다. 배제하는 세상에서 환대를 실천해야 합니다. 교회는 세상을 품어야 합니다. 치유의 공동체가 되어야 합니다. 하나님은 두 팔 벌려 우리를 환대하십니다. 우리를 사랑으로 품어 주십니다. 하나님의 사랑은 조건이 없습니다. 우리는 하나님의 사랑을 받았습니다. 우리는 하나님의 사랑을 세상 가운데 흘려보내야 합니다. 경계와 차별이 없어야 합니다. 얼굴이 평안해야 합니다. 모든 사람을 품어야 합니다. 교회는 문턱이 없어야 합니다.

15장.

아버지 집에서 축제가 열립니다

"그리고 살진 송아지를 끌어다가 잡으라 우리가 먹고 즐기자 이 내 아들은 죽었다가 다시 살아났으며 내가 잃었다가 다시 얻었노라 하니 그들이 즐거워하더라" 눅 15:23-24

개미는 먹이를 찾을 때까지 계속 방황합니다. 그러다가 먹이를 찾으면, 집으로 직진합니다. 이어령 교수는 개미를 예로 들어 이야기하며 돌아갈 집이 있는 것이 중요하다고 말했습니다.

이어령 교수는 70세가 넘은 후에야 예수님을 영접했습니다. 그는 대단한 지성을 가졌음에도 예수님을 영접하기 이전까지는 삶의 목적을 알지 못한 채 방황하며 살았습니다. 지성이 우리를 영원한 집으로 인도하는 것은 아닙니다. 아는 것이 많을수록 오히려 혼란스럽습니다. 그래서 방황합니다.

누구나 방황합니다. 방황하지 않는 사람은 없습니다. 때로는 방황할 필요가 있습니다. 그런데 방황이 끝나야 합니다. 살면서 갈등하고 방황하는 것은 자연스러운 현상입니다. 방황하지 않는 것보다 중요한 것은 '방황이 끝나고 어디로 가는가'입니다.

아버지의 잔치

둘째 아들은 아버지의 집을 떠나 먼 나라에서 방황하다가 아버지의 집으로 돌아왔습니다. 아버지의 집에 대한 추억이 둘째 아들을 아버지의 집으로 돌아오게 했습니다. 고향은 누구에게나 있습니다. 우리의 고향은 에덴동산입니다. 그런데 우리는 에덴동산에 한 번도 가 보지 않았습니다. 그곳이 어디에 있는지 알지 못합니다. 그러나 우리는 그곳을 그리워합니다. 우리가 그곳에서 비롯되었기 때문입니다. 하나님은 그곳으로 우리를 부르십니다.

사람들은 살면서 '이렇게 사는 것이 인생인가, 이것이 인생의 전부인가, 그렇다면 인생은 허무한 것이다'라고 생각합니다. 좋은 것을 누려도 허무하다고 느낄 때가 있습니다. 탄식하고 절망할 때가 있습니다. 이것은 무언가를 그리워하기 때문입니다. 하나님은 우리에게 영원을 사모하게 하셨습니다(전 3:11). C.S.루이스는 "내 안에 이 세상이 채워줄 수 없는 갈망이 있는 것은 내가 다른 세상을 위해 지음 받았기 때문이다"라고 말했습니다. 우리는 갈망하는 것이 있습니다. 삶이 힘들수록 더욱 갈망하게 됩니다. 그런데 이 세상에 있는 것으로는 우리의 갈망을 채울 수 없습니다. 이것은 우리가 이 세상이 아니라, 다른 세상을 위해 창조되었다는 의미입니다.

사람의 내면은 엄청나게 넓습니다. 그런데 동시에 비어있습니다. 사람의 내면에는 하나님의 크기 만한 구멍이 있습니다. 그래서 하나님을 떠난 사람은 마치 고아처럼 삽니다. 하나님이 아니고는 자신의 삶에 만족하지 못합니다. 주변에 사람이 아무리 많아도 외로워합니다. 많은 것을 가졌는데도 배고파합니다. 탄식하고 신음하며 살아갑니다.

불완전한 이 세상에서 우리는 영원한 세상을 갈망합니다. 천국은 중력처럼 우리의 마음을 끌어당깁니다. 영원에 대한 기억이 우리의 마음속에 있기 때문입니다. 탕자의 비유에서 '아버지의 집'은 구원을 의미합니다. 구원은 광범위합니다. 하나님의 자녀라는 새로운 신분을 얻은 것부터 완성된 구원까지를 의미합니다. 칭의부터 영화(榮化, glorification)까지를 포괄합니다. 구원의 완성은 천국입니다. 아버지 하나님께로 완전히 귀속되는 것입니다.

우리가 사는 이 세상은 탕자의 비유에 등장하는 둘째 아들이 아버지의 집을 떠나 향한 '먼 나라'와 같습니다. 무언가를 줄 것처럼 보이지만, 아무것도 주지 않습니다. 오히려 모든 것을 빼앗아 갑니다. 이 세상에 있는 것은 아무리 좋은 것이라도 결함이 있습니다. 좋은 것이 많지만, 진짜는 아닙니다. 이 세상에서는 많은 것을 가져도 목이 마릅니다. 이 세상은 천국이 아니기 때문입니다.

아버지의 집은 어떤 곳입니까? 우리는 탕자의 비유에서 아버지의 집이 어떻게 묘사되어 있는가를 살펴보려고 합니다. 본문을 보면, 아버지의 집에서 잔치가 열렸습니다. 잔치의 주최자는 아버지입니다. 잔칫집에는 먹을 것이 많습니다. 특히 살진 송아지를 끌어다가 잡으라고 합니다. 살진 송아지는 평소에는 먹을 수 없는 최상급의 음식을 의미합니다. 아버지는 최고의 음식을 잔치에 내놓았습니다. 이를 통해 둘째 아들이 집으로 돌아온 것으로 인해 아버지가 얼마나 기뻐했는가를 알 수 있습니다. 아마도 이때 둘째 아들은 먼 나라에서 돼지를 치며 쥐엄 열매로 배를 채우려고 했던 때가 생각났을 것입니다.

아담과 하와가 선악을 알게 하는 나무 열매를 먹고 에덴동산에서 쫓겨난 이후 사람들은 먹고사는 문제로 고민하게 됐습니다. 죄를 범하고 하나님으로부터 멀어진 사람은 저주 아래 살아갑니다. 완전한 풍요를 경험할 수 없습니다. 한 가지가 충족된 것은 풍요가 아닙니다. 풍요는 모든 것이 종합적으로 풍족한 상태를 의미합니다. 그런데 모든 것이 종합적으로 풍족한 것은 쉽지 않습니다. 돈은 있지만, 건강하지 않습니다. 돈이 있고 건강한데 외롭습니다.

세상을 보면, 모든 것을 갖춘 듯한 사람이 있습니다. 이런 사람은 모든 것이 풍족해서 하나님을 믿지 않습니다. 하나님의 필요를 느끼지 못합니다. 이런 사람에게 "예수님 믿고 천국에 갑시다"라고 말하면, 자신은 이미 천국에서 산다고 말합니다. 천국의 핵심은 하나님이십니다. 하나님이 계신 곳이 천국입니다. 하나님이 계시지 않는 곳은 천국이 될 수 없습니다. 자신이 하나님이 되어 사는 사람은 결코 천국을 경험할 수 없습니다.

자신이 삶의 주인이 되어 사는 사람은 하나님이 없는 자리를 자신의 힘으로 채우려고 노력합니다. 하나님이 아닌 것으로 하나님을 대체하려고 합니다. 하나님을 대체할 만한 것을 끌어안고 삽니다. 젊은 날에는 자신의 힘으로 하나님의 빈 자리를 채우려고 하지만 채워지지 않아서 절망합니다. 그리고 나이가 들면, 하나님의 빈 자리를 자신의 힘으로 채웠다고 생각했는데 절망합니다.

젊은 시절이든 나이가 들어서든 절망하고 허무해 하는 것은 마찬가지입니다. 이것이 전도서 기자가 말하는 '헛됨'입니다. 히브리어로는 '헤벨(הֶבֶל)'이라고 하는데, 이것은 수증기, 안개, 입김처럼 사라져 버리는 것을 의미합니다. 세상은 결핍투성이입니다. 결정적인 결핍은 생명 에너지의 결핍입니다. 생명이 소진됩니다. 쇠퇴합니다.

젊은 시절에는 에너지가 왕성합니다. 인생의 전반전에는 소진되고 쇠퇴하는 것을 느끼지 못합니다. 밤을 지새우며 즐깁니다. 그러다가 40세 이후로는 생명 에너지가 소진되는 것을 실감합니다. 그러나 인생의 후반전에 접어든 사람은 밤에 이유 없이 잠을 뒤척이다가 밤을 새웁니다. 밤을 새우는 이유가 다릅니다.

돈이 없는 것은 두렵지 않습니다. 생명이 소멸하는 것이 두렵습니다. 생명 에너지가 소멸할수록 사람들은 더욱 악착같아집니다. 욕심을 내려놓지 못하고 오히려 더 집착합니다. 죽음이 두렵기 때문입니다. 죽음 에너지는 아무리 저항해도 오히려 더 강력해집니다. 자신감으로는 죽음 에너지를 이기지 못합니다. 자신의 힘으로는 버틸 수 없습니다. 일평생 노력했습니다. 가진 것을 쏟아 목표한 것을 이루었습니다. 높은 곳에 이르렀습니다. 그런데 삶이 끝나면, 그곳에서 내려와야 합니다.

'영끌'이라는 신조어가 있습니다. 영혼까지 끌어모은다는 의미입니다. 사람들은 집을 사려고 영혼까지 끌어모읍니다. 그만큼 집을 사기가 힘들다는 의미입니다. 그만큼 집에 대한 갈망이 대단합니다. 이 집을 사겠다고 영끌하는 사람들을 보면, 마치 꿈을 찾아 먼 나라로 떠난 둘째 아들 같습니다. 먼 나라는 둘째 아들이 꿈꾸던 곳입니다. 그러나 먼 나라에서 둘째 아들의 꿈은 깨어졌습니다. 우리는 시야가 매우 짧습니다. 우리는 멀리 보지 못합니다. 사람들은 노후를 준비하느라 바쁩니다. 그런데 노후를 준비하다가 죽음을 맞습니다. 우리는 더 멀리 보아야 합니다. 멀리 보지 못하면, 어느 날 갑자기 인생의 벼랑 끝에 서게 됩니다. 갑자기 죽음을 맞이합니다.

사람이 살면서 경험하는 결핍은 쉽게 해결할 수 없습니다. 그런데 아버지의 집에서는 결핍을 경험하지 않습니다. 천국이 풍요로운 것과 같습니다. 천국에서는, 아버지의 집에서는 모든 것이 풍족합니다. 그곳에는 저주가 없습니다. 우리는 아버지의 집, 천국에서 완벽한 풍요를 누릴 수 있습니다.

예수님은 "내가 온 것은 양으로 생명을 얻게 하고 더 풍성히 얻게 하려는 것이라"(요 10:10)고 말씀하셨습니다. 하나님은 우리를 구원하셔서 우리에게 완전한 풍요를 경험하게 하십니다. 아버지께 속해 있을 때, 우리는 완전한 풍요를 경험할 수 있습니다.

여호와는 나의 목자시니 내게 부족함이 없으리로다

시 23:1

하나님이 우리의 목자이십니다. 우리는 남의 것을 탐내거나 빼앗을 이유가 전혀 없습니다. 과도한 욕망을 가질 이유가 없습니다. 아버지의 집을 떠나 먼 나라에서 가진 것이 없어진 둘째 아들은 먹을 것을 걱정하며 살았습니다. 공급원이 차단되었기 때문입니다. 그러나 하나님 나라의 공급원은 하나님이십니다. 하나님은 무한하게 공급하십니다. 우리를 만족하게 하십니다. 예수 그리스도 안에 있는 사람은 저주로부터 해방되었습니다. 더 이상 욕망의 포로가 아닙니다. 그리스도 안에서 자유롭게 살게 되었습니다. 이제 우리는 천국에서 완벽한 만족을 경험하며 살아갑니다. 욕망에 시달리지 않습니다. 하나님 안에서 풍요를 누리며 살게 됩니다. 우리는 날마다 "여호와는 나의 목자시니 내게 부족함이 없으리로다" 라고 고백해야 합니다.

잔치에 참여하는 맏아들이 되기를

하나님은 잃어버린 양 한 마리를 찾으셨을 때 "찾아낸즉 즐거워 어깨에 메고"(눅 15:5) 기뻐하신다고 했습니다. 죄인 한 사람이 회개하면 "하늘에서는 회개할 것 없는 의인 아흔 아홉으로 말미암아 기뻐하는 것보다 더하"(눅 15:7)겠다고 했습니다. 예수님은 하나님 아버지의 기쁨을 이렇게 표현하셨습니다.

마침내 둘째 아들은 아버지의 집으로 돌아왔습니다. 아버지는 한없이 기뻤습니다. 둘째 아들은 아버지의 소유입니다. 귀중한 것을 잃었다가 찾았을 때 기뻐하는 것은 자연스러운 현상입니다. 아버지는 기뻐서 잔치를 열었습니다. 풍악을 울리고 사람들은 함께 춤을 추었습니다. 이때 주인공은 둘째 아들입니다. 잃어버린 자를 찾았을 때, 천국의 기쁨은 최고조에 이릅니다. 이처럼 잔칫집에는 기쁨이 있습니다. 잔치 자리에는 반드시 음악과 춤이 있습니다. 춤은 즐거움을 표현하는 것입니다. 기뻐하고 감사하는 사람은 춤을 춥니다. 천국에서는 노래하고 춤추는 것이 일상입니다. 천국은 기쁨이 넘치는 곳입니다. 춤을 추려면, 영혼이 자유로워야 합니다. 묶인 것에서 풀려야 합니다. 치유와 회복을 경험한 사람이 춤을 출 수 있습니다. 마음이 기쁘면, 몸이 저절로 움직입니다. 하나님이 우리를 그렇게 창조하셨습니다. 참으로 놀랍습니다.

히브리인에게 춤은 예배의 형태 중 하나입니다. 몸을 창조하신 하나님, 우리를 구원하신 하나님께 히브리인은 춤으로 감사를 표현했습니다. 구원받은 것에 대한 감격과 감사를 온몸으로 표현했습니다. 여호와의 궤가 다윗 성으로 돌아왔을 때, 다윗은 기쁨에 겨워 춤을 추었습니다. 다윗은 왕으로서 위엄을 지키기보다 하나님을 예배하기 원했습니다. 다윗은 하나님을 사랑했습니다. 하나님을 사랑하는 사람은 하나님 앞에서 기뻐하며 춤출 수 있습니다.

맏아들은 집에 가까이 왔을 때 풍악과 춤추는 소리를 들었지만, 집 안으로 들어오지 않았습니다. 오히려 잔치를 베푼 아버지 때문에 분노했습니다. 분노하는 사람, 두려워하는 사람은 춤을 출 수 없습니다. 그런 아들에게 아버지는 "이 네 동생은 죽었다가 살아났으며 내가 잃었다가 얻었기로 우리가 즐거워하고 기뻐하는 것이 마땅하다"(눅 15:32)고 말했습니다. 여기서 '죽었다' '잃었다'는 아버지의 집을 떠난 먼 나라에서의 삶을 의미합니다. 먼 나라는 빼앗고 빼앗기는 세상입니다. 자신의 영혼조차 돌볼 수 없습니다. 둘째 아들은 아버지의 집을 떠나 먼 나라에서 마치 강도 만난 사람처럼 살았습니다. 살았으나 죽은 것과 다를 바 없었습니다. 지금도 이 세상에는 마치 죽은 듯이 살아가는 사람이 많습니다. 그들은 아버지의 집에 있어야 할 사람입니다.

천국은 기쁨이 넘치는 곳입니다. 천국은 잃어버린 자를 위해 예비된 곳입니다. 잃어버린 자를 찾은 기쁨이 넘치는 곳입니다. 우리는 천국에서 아버지의 기쁨에 동참하게 됩니다. 지상의 교회는 천국의 모형입니다. 교회는 기쁨의 공동체입니다. 우리가 누리는 기쁨은 세상 사람들이 경험하는 것과 차원이 다릅니다. 우리가 누리는 기쁨은 천상의 기쁨입니다. 우리는 지상의 교회에서 천국을 경험해야 합니다. 한 영혼이 아버지의 집으로 돌아올 때, 하나님이 기뻐하시고, 돌아온 사람이 기뻐하고, 먼저 아버지 집에 있던 사람이 기뻐합니다. 이것이 '3중 기쁨'입니다. 교회에는 항상 이와 같은 기쁨이 있어야 합니다. 죄인 한 사람이 회개하고 아버지의 집으로 돌아왔을 때, 공동체는 기뻐하고 즐거워하는 것이 마땅합니다. 이것은 하나님이 주시는 기쁨입니다.

탕자의 비유에서 맏아들은 끝까지 집 안으로 들어가지 않은 채 이야기가 끝납니다. 맏아들까지 잔치에 참여했어야 완벽한데 안타깝습니다. 맏아들처럼 고집을 부리며 잔치 자리에 들어오지 않는 이들이 우리 주변에도 있습니다. 하나님은 그들이 돌아오기를 기다리십니다. 우리는 그들을 위해 기도해야 합니다.

본향을 찾는 자들

아버지가 베푼 잔치는 그가 먼 나라에서 경험한 것과 다릅니다. 세상의 잔치는 생각보다 빨리 끝납니다. 기대하며 시작하지만, 이내 실망합니다. 세상은 우리에게 참된 기쁨을 줄 수 없습니다. 오직 하나님 아버지의 집에서만 참된 기쁨을 누릴 수 있습니다.

이 땅에서의 삶은 완전하지 않습니다. 예수님을 믿고 교회 다니지만, 현실은 어렵고 힘듭니다. 그러한 현실 속에서 내일은 오늘보다 나을 것이라고 희망합니다. 그러나 언제나 우리가 바라는 대로 되지 않습니다. 기도하지만, 기도하는 대로 반드시 이루어지지는 않습니다. 기도하는 대로 되지 않을 때, 우리는 절망합니다. 살다 보면 절망하는 것 외에 아무것도 할 수 없는 때가 있습니다. 이럴 때 주변 사람들의 조언이 도움이 되기도 합니다. 그러나 어떤 것도 답이 되지 않습니다. 마치 벽이 가로막고 있는 듯합니다. 이 세상에서 아무것도 소망할 수 없습니다.

이때 사람들은 자신이 붙잡고 있던 것을 다 내려놓습니다. 모든 것을 포기합니다. 그런데 그렇게 끝내면 안 됩니다. 이때가 중요합니다. 하나님은 변함없이 나를 붙들고 계십니다. 하나님은 나를 놓지 않으십니다. 이것이 하나님의 언약입니다. 우리는 예수님을 믿어 구원받았습니다. 우리는 하나님의 언약을 따라 구원받았습니다. 하나님의 언약이 우리를 단단히 붙듭니다.

우리는 하나님의 상속자입니다. 우리는 하나님의 나라를 상속받아 하나님 아버지의 집에서 예수 그리스도와 함께 천국 백성으로 살게 됩니다. 살면서 우리가 기대하고 소망한 대로 되지 않으면 우리는 절망합니다. 그런데 그 절망은 우리에게 확실한 소망을 갖게 합니다. 우리는 눈앞에 일어난 일을 바라볼 것이 아니라 멀리 보아야 합니다. 내가 생각하는 대로 되지 않을 때, 고난이 깊어질 때, 우리는 탄식합니다. 이때 우리는 세상에 미련을 갖지 않게 됩니다. 고난으로 인해 우리는 천국을 더욱 사모하게 됩니다. 고난은 우리에게 필요한 고통입니다. 살다 보면 때로는 우리가 가야 하는 길에서 벗어나기도 합니다. 그러한 때에도 하나님은 우리의 손을 놓지 않으시고 변함없이 우리를 부르십니다.

그들이 이같이 말하는 것은 자기들이 본향 찾는 자임을 나타냄이라 그들이 나온 바 본향을 생각하였더라면 돌아갈 기회가 있었으려니와 그들이 이제는 더 나은 본향을 사모하니 곧 하늘에 있는 것이라 이러므로 하나님이 그들의 하나님이라 일컬음 받으심을 부끄러워하지 아니하시고 그들을 위하여 한 성을 예비하셨느니라 히 11:14-16

믿음의 사람들은 '본향을 찾는 자'입니다. 그들은 '더 나은 본향을 사모'했습니다. 그들은 이 땅에서의 삶이 전부가 아니라는 것을 알았습니다. 이 땅에서의 삶과 비교할 수 없는 더 나은 본향이 예비되어 있다는 것을 그들은 알았습니다.

우리는 더 나은 본향을 향해 나아가는 나그네입니다. 우리가 가야 할 길은 아직 남아 있습니다. 그런데 나그네는 길을 잃을 때가 있습니다. 그리고 지금은 길을 잃기 쉬운 시대입니다. 길을 잃는 순간, 우리는 불안과 혼란 가운데 휩싸입니다. 우리를 속이는 것이 매우 많습니다. 영원하지 않은 것이 마치 영원한 것처럼 보입니다. 이런 때일수록 누구와 함께 가느냐가 매우 중요합니다. 우리는 하나님과 동행해야 합니다. 길을 혼자 나서면 안 됩니다. 혼자 나서는 순간, 길을 잃습니다.

어거스틴은 "하나님이 하나님을 위해 우리를 지으셨으므

로 우리가 하나님의 품에 안기기 전까지 우리의 영혼은 결코 쉼을 얻을 수 없습니다"라고 말했습니다. 우리가 사는 이 세상에는 평화가 없습니다. 안식과 거리가 멉니다. 아무리 벌어도 여전히 배고픕니다. 아무리 쉬어도 여전히 피곤합니다. 우리는 오직 아버지의 품에서만 안식할 수 있습니다.

우리는 구원받았습니다. 하나님의 나라는 우리 안에 시작되었습니다. 천국은 멀리 있지 않습니다. 우리는 우리 안에서 시작된 하나님의 나라를 누려야 합니다. 우리 안에 하나님이 계십니다. 우리는 하나님 안에 있습니다. 우리는 하나님의 임재를 경험해야 합니다. 신앙생활은 삶 속에서 하나님의 나라를 경험하는 것입니다. 우리는 삶 속에서 천국을 경험해야 합니다.

C.S.루이스는 "현 세상을 위해 최선을 다했던 그리스도인들은 내세를 생각하고 기대했다. 그런데 현실에서 무능해지는 이유는 내세에 대해 숙고하지 않았기 때문이다"라고 말했습니다.우리는 돌아갈 곳이 있습니다. 내세 신앙은 현실의 삶을 강하게 합니다. 내세를 준비하지 않으면, 삶이 현실 속에서 무너져 내립니다.

천국을 소망한다고 해서 현실에서 도피하려고 해서는 안 됩니다. 오히려 현실 속에서 더 치열하게 살아야 합니다. 미래의 천국이 예비되어 있습니다. 천국을 소유한 사람은 현실이 어려워도 마음에 기쁨이 있습니다. 세상의 유혹을 받지 않습니다. 삶을 낭비하지 않습니다. 하나님의 나라가 다가오고 있다는 것을 믿기 때문입니다. 고난이 닥쳐도 낙심하지 마십시오. 그때 오히려 삶의 목표를 분명하게 해야 합니다. 새로운 목표를 가지고 살아야 합니다.

> 그러므로 우리가 낙심하지 아니하노니 우리의 겉사람은 낡아지나 우리의 속사람은 날로 새로워지도다 우리가 잠시 받는 환난의 경한 것이 지극히 크고 영원한 영광의 중한 것을 우리에게 이루게 함이니 우리가 주목하는 것은 보이는 것이 아니요 보이지 않는 것이니 보이는 것은 잠깐이요 보이지 않는 것은 영원함이라 고후 4:16-18

왜 낙심합니까? 붙들지 말아야 하는 것을 붙들었기 때문입니다. 무엇을 붙들어야 하는가를 확인하면 됩니다. 신앙이 깊어지면, 눈이 밝아집니다. 영안이 열립니다. 영안이 열린 사람은 영원한 것을 주목합니다. 절망하지 않고 낙심하지 않으려면, 천국을 바라보아야 합니다.

C.S. 루이스는 "영원하지 않은 것은 영원히 무용지물이다"

라고 말했습니다. 영원한 나라가 보여야 합니다. 영원한 나라를 보면 이깁니다. 그걸 못 보면, 눈에 보이는 나라를 추구하다가 삶이 허망하게 끝납니다. 영원을 볼 수 있는 눈이 열려야 합니다. 우리가 사는 이 세상에는 소망이 없습니다. 혁명이 일어나도 세상은 달라지지 않습니다. 역사가 흘러도 세상은 나아지지 않습니다. 하나님이 이 세상을 새롭게 하셔야 세상이 새로워집니다. 새로운 창조의 역사가 시작되어야 합니다.

> 또 내가 새 하늘과 새 땅을 보니 처음 하늘과 처음 땅이 없어졌고 바다도 다시 있지 않더라 계 21:1

하나님은 새 하늘과 새 땅을 준비하십니다. 하나님이 이 세상을 새롭게 하실 것입니다. 우리는 새 하늘과 새 땅을 소망해야 합니다. 그곳에는 눈물이 없습니다. "다시는 사망이 없고 애통하는 것이나 곡하는 것이나 아픈 것이 다시 있지"(계 21:4) 않겠다고 하십니다.

하나님은 잃어버린 자를 찾으십니다. 하나님은 반드시 찾아내십니다. 잃어버린 자를 찾는 것이 하나님의 마음입니다. 하나님은 잃어버린 자를 위해 천국을 예비하십니다. 영원한 하나님의 나라, 새 하늘과 새 땅을 예비하십니다. 아버지의 집은 잃어버린 자를 위해 있습니다. 아버지의 집에 들어갈 때 우리의 여정도 끝납니다.

우리는 이미 아버지의 집에 들어왔습니다. 하나님과 함께 일상을 살아가며 천국을 경험합니다. 이 땅에서 하나님 나라를 살아갑니다. 이제 우리가 경험한 천국을 사람들에게 소개해야 합니다. 잃어버린 자녀들이 아버지께로 돌아올 때 누릴 수 있는 아버지의 기쁨, 돌아온 자의 기쁨, 이 천상의 기쁨을 함께 누려야 합니다. 하나님의 완전한 사랑 안에서 완전한 풍요, 완전한 기쁨을 누리며 살아가는 것, 이것이 회복입니다. 완성될 하나님의 나라를 꿈꾸며 현재 주어진 삶 속에서 기뻐하며 살아갈 때, 우리는 아버지 집에 있습니다.

이제 아버지 집에서 축제가 시작됩니다.